HISPANOAMÉRICA

CANTO DE VIDA Y ESPERANZA

Papel certificado por el Forest Stewardship Council®

MIXTO
Papel | Apoyando la silvicultura responsable
FSC® C117695

Penguin Random House Grupo Editorial

Primera edición: octubre de 2024

Coordinación Mariana Gasset
Diseño y maquetación Inés Atienza

Travessera de Gràcia, 47-49. 08021 Barcelona

Printed in Spain — Impreso en España

ISBN: 978-84-01-03545-6
Depósito legal: B-12.609-2024

Impreso en Índice, S. L.
Barcelona

L 0 3 5 4 5 6

HISPANOAMÉRICA
CANTO DE VIDA Y ESPERANZA

José Luis López-Linares del Campo

PLAZA & JANÉS

Para mis padres,
María de los Ángeles y José Luis,
porque gracias a ellos he podido hacer.

Para Arancha,
que mueve mi cielo
y para Samuel, Bruno y Laura, que son nuestras estrellas.

Índice

V. El Barroco como forma de vida

VI. Arar en el mar: la guerra civil del imperio

VII. Un futuro compartido

PÁGINA ANTERIOR
Río Ibare, cerca de Trinidad, Bolivia.

Prólogo

El oso hispánico entra en hibernación en 1824. Hace doscientos años, sobre las ruinas humeantes de la batalla de Ayacucho, en una altísima y semiárida pampa peruana, tiene nítido inicio el desgarramiento de los miembros de un cuerpo gigantesco y formidable. Esos miembros, a su vez, terminan fraccionados al extremo. El otrora inmenso continente deviene un archipiélago de islotes: múltiples unidades sin soberanía substancial, todas abocadas al sobresalto institucional, todas incapaces de prosperidad sostenida, todas confinadas en la subordinación. Tan dóciles son estos pequeños pedazos al orden que adviene tras la secesión —denominada en cada islote «independencia»— que ni siquiera hace falta tomarlos militarmente e instaurar en ellos gobiernos ajenos para que actúen como capataces, jornaleros o clientes de los amos del mundo.

El desatino que se posesionó de Hispanoamérica al ocurrir la secesión y la fragmentación brota claramente de las páginas de *Cien años de soledad* y tiene en Macondo su símbolo más cabal. Macondo es soledad porque es desconexión, porque es orfandad que, dado el paso de muchos años de desvarío lleva a un final inexorable: «la ciudad de los espejos (o los espejismos) [...] arrasada por el viento y desterrada de la memoria de los hombres». Al día de hoy han transcurrido doscientos años de soledad desde Ayacucho y los hispanoamericanos seguimos viviendo presas de espejismos. Seremos arrasados —igual que Macondo, «sin segunda oportunidad sobre la tierra»— si no desciframos a tiempo nuestros pergaminos.

¿En qué radica la soledad —orfandad— hispanoamericana? En la desconexión con nuestras capas más profundas y fundacionales, lo cual nos procura un apocado ser que, errático, desfallece en arenas movedizas. Porque es en nuestros substratos más profundos donde se halla oculto —para mantener el archipiélago absurdo que nos aflige— el «enorme galeón español» lleno de flores con el que se tropieza José Arcadio Buendía cuando busca, junto a los fundadores de Macondo, brújula en mano apuntando hacia el norte, una forma de desenclavar el pueblo y ponerlo «en contacto con los grandes inventos» para procurar su pleno despliegue. «Lo esencial es no perder la orientación», sentencia el patriarca. La fiel brújula lo lleva hacia el norte, hacia la clave. La encuentra, pero no sabe verla. En efecto, una noche densamente oscura ingresa con sus hombres en una región distinta, impregnada de un aire puro y vivificante. Exhaustos —llevan semanas sin conciliar un sueño reparador— cuelgan sus hamacas y duermen profundamente. Despiertan ya con el sol en alto y, fascinados, ven ante ellos, en plena tierra, un «enorme galeón español». Fervorosamente y en silencio exploran su interior: no encuentran en él más que «un apretado bosque de flores». Procuremos una interpretación plausible, necesariamente parcial, de lo anterior: en «un aire nuevo y limpio», tras una noche de sueño reparador —propiciadora de lucidez—, encuentran los fundadores de Macondo —desatinada élite hispanoamericana— con su «arboladura intacta» —mástiles erguidos que solo requieren nuevas velas—, en un espacio «vedado a los vicios del tiempo» —vivo a pesar de los agudos intentos de desmemoriar y distorsionar—, un «enorme galeón español» —poderío hispánico capaz de proteger— en cuyo interior —en lo más íntimo— hallan un «apretado bosque de flores» —los frutos están por brotar—... pero José Arcadio y los suyos no son capaces de discernir lo que tienen a la vista. Se pierden en laberintos subalternos. Se queja el patriarca ante Úrsula: «Nunca llegaremos a ninguna parte». Años más tarde, el coronel Aureliano Buendía, en medio de guerras, avista el magnífico galeón, pero es ya solo «un costillar carbonizado»: Macondo está sentenciado. Privado de articulaciones esenciales de su ser, corre hacia la sentencia rotundamente condenatoria de los pergaminos de Melquíades. Se trataba de reintegrar —reflotar— el «enorme galeón español», de sacarlo del «espacio de soledad y de olvido» para que llegase a destino y rindiese —él y otros, de ida y de vuelta— los múltiples frutos mestizos en tierra americana que ya venían dando los galeones españoles precedentes.

A José Luis López-Linares no le ocurrió lo que a José Arcadio Buendía. Detectó la importancia fundamental de ese enorme galeón español, supo apreciar las flores en sus bodegas y, para nuestra mejor orientación, decidió mostrárnoslo. A ello se aplica claramente desde *España, la primera globalización* y hoy pone entre nosotros otro documental que será un hito de transformación de nuestras representaciones colectivas: *Hispanoamérica, canto de vida y esperanza*.

José Luis López-Linares ha forjado una obra de arte que recorre el esplendor de los tres siglos previos a las repúblicas. Cada segundo de *Hispanoamérica, canto de vida y esperanza* significa. Cada fotograma vehicula símbolos potentes portados por una fusión total de imágenes deslumbrantes, música conmovedora y atinadas palabras que nos sumergen en una vivencia rotunda de belleza que desvela una verdad incesantemente escamoteada: Hispanoamérica es una gigantesca comunidad real, Hispanoamérica es capaz de esplendor y plenitud, Hispanoamérica es dueña de una enorme vitalidad y alegría, Hispanoamérica solo debe conocerse mejor para recuperar los puentes que la llevarán de vuelta a la grandeza.

José Luis López-Linares decidió, desde el frente audiovisual, generar una memoria veraz, útil y transformadora para todos los hispanos. Para ello, en un primer tiempo, realizó un documental que se halla de lleno en la temática que nos ocupa. Objetivo: desmontar la leyenda negra, maleficio que inhabilita y enceguece. El todo junto a María Elvira Roca Barea —autora del parteaguas *Imperiofobia y leyenda negra*— y un grupo conformado, en buena medida, por experimentados historiadores españoles. Se trataba —desde una factura de belleza deslumbrante y con pie de plomo, dadas las aplastantes visiones hegemónicas— de poner todo en contexto comparativo y mostrar muy sólidamente las asombrosas ejecutorias de España en el mundo a lo largo de siglos cancelados, estigmatizados o ignorados. Y abrir así una brecha de luz. *España, la primera globalización* se volvió el hito audiovisual de la primera ola de lo que he dado en llamar «rebelión hispanista».

La rebelión hispanista se abre paso en un terreno particularmente minado en Occidente donde la trascendencia es hoy cosa de atrasados, la pertenencia solo es tolerable en torno a la plaza del pueblo y la individualidad se despliega alrededor del ombligo. Los tiempos nos quieren sin norte espiritual, agrupados en comunidades políticas impotentes y, como individuos, inconexos los unos de los otros. Cunde en Occidente una quiebra de sentido que nos aboca a la disolución, el caos y la soledad. En este contexto —y desde hace siglos—, los hispanos, dado nuestro inmenso potencial, recibimos un tratamiento adicional, especializado: autoaborrecimiento en vena. De esta manera, nuestros ancestros, que conectaron al mundo, montaron un andamiaje global prodigioso y fundaron un pueblo mestizo en un territorio inconmensurable se convierten en estandartes de abyección y atraso. Resulta insoportable. Surge por ello la rebelión hispanista, que abarca no solo a personas estudiosas del orbe hispánico en un ámbito académico, sino también a todo aquel que revisa el pasado más allá de intimidantes doxas y anacronismos crudos, contextualizando, comparando mucho y llegando a la conclusión de que podemos y debemos reconectar, actualizándola, con la grandeza de la que fuimos capaces, para desatascar un futuro pleno y común.

Hispanoamérica, canto de vida y esperanza se inscribe y marca con su sello la segunda ola de la rebelión hispanista. En esta lo hispanoamericano crece, lo audiovisual se amplía, el ciberespacio se aprovecha a fondo y se marcha sobre un terreno que ha sido desbrozado por la primera ola, más peninsular, más argumentativa, más escrita. Una ola que tuvo el mérito gigante e irrefutable de quebrantar para siempre la asociación monolítica de lo hispano con el atraso y la abyección. López-Linares, sobre la cresta de esta segunda ola, salta el Atlántico y pone el foco en la otra orilla: Hispanoamérica, donde se concentra el noventa y dos por ciento de los hispanos del mundo. Y de la mano de un coro de voces —de toda extracción y oficio— argentinas, bolivianas, chilenas, colombianas, ecuatorianas, españolas, estadounidenses, mexicanas, peruanas y venezolanas, compone *Hispanoamérica, canto de vida y esperanza*, un documental que, desde el esplendor de la belleza, nos muestra cómo las flores que trajeron los galeones españoles han dado magníficos —y desconocidos— frutos entre nosotros. Frutos nuestros. Frutos que debemos degustar para devengar la lucidez y la fuerza necesarias para habitar el presente con holgura y preparar el futuro con lucidez. Esta revelación la logra el documental dada la anagnórisis que desencadena.

En una estructura narrativa, la anagnórisis es el momento en el que el personaje principal, en virtud de una conjunción de factores, cae en cuenta de que no es lo que pensaba, sino algo con frecuencia radicalmente distinto. Ello da un giro total a los acontecimientos. Edipo, al descubrir que ha matado a su padre y que se halla casado con su madre, gira hacia la tragedia y la desolación. Pero la anagnórisis que nos invade como hispanoamericanos al ver el documental es de signo contrario: va de menos a más. Encaja en la horma del mendigo que descubre que es rey, del sapo que en realidad es príncipe, del patito feo que termina siendo hermoso cisne. *Hispanoamérica, canto de vida y esperanza* opera como una revelación que nos sacude y recoloca: *no somos frutos del cruce salvaje de miserables verdugos y víctimas inermes, sino de visionarios, audaces y sabios, que concibieron y ejecutaron un proyecto de escucha y adaptación que integró y sumó como nunca antes —a una escala global— alteridades totales.*

Cambia el linaje, se transforman los descendientes. Cambia el pasado, se transforma el presente... ¡y se abre un canto de vida y esperanza! Si nos sabemos hijos de sabios y audaces fundadores de un orden integrador, podemos caminar erguidos: tenemos una fuente propia e inagotable de inspiración. De esta fuente debemos urgentemente beber. No para alimentar una curiosidad erudita o coleccionar nostalgias. No. Para retomar el hilo claramente perdido a comienzos del siglo XIX y salir del apocamiento y la alienación recomponiendo en claves contemporáneas su espíritu de grandeza y desprender desde allí, en diálogo de igual a igual con otras culturas, actitudes y ejecutorias.

El oso hispánico se despereza en la cueva: doscientos años de orfandad y desatino están llegando a su fin. Ha sobrevivido el oso un largo y crudísimo invierno. Asombra su resistencia, signo de una fuerza descomunal, fruto de un arraigo y una vigencia insondables. Se lo dio por muerto, y hete aquí que renace y se reconstituye vigorosamente mientras los lánguidos oficiantes del apocamiento, el caos y la disolución apuran rituales plenos de desesperanza y extravío. En el corazón del oso hispánico veo escritas como indeleble tatuaje tres palabras: *trascendencia, pertenencia, libertad.* Trascendencia, que enaltece y embrida; pertenencia, que nos coloca en el seno de una grande y fuerte comunidad viable en el contexto global; libertad, elemento inseparable de la dignidad y la responsabilidad humanas. Y es eso lo que puede salir al ruedo y cambiar las bases del juego mundial, no solo para la hispanidad, sino también para un Occidente exangüe que desfallece ante otros bloques civilizatorios en un callejón darwinista y posmoderno, esencialmente anglosajón, que ha claramente cumplido su ciclo.

Bebamos asidua y cotidianamente de la fuente hispánica: es nuestro sustento principal, la base de nuestro ser. ¿Cómo hacerlo? Como López-Linares: concentrándonos en «la riqueza que tenemos». A partir de allí accederemos al «enorme galeón español». Descubriremos en él los mapas y las cartas de navegación, las brújulas y los sextantes que otrora nos llevaron por todos los mares del mundo, por las tierras de medio planeta. Provistos entonces de claves esenciales, deberemos volver a nuestros sitios en el siglo XXI y preguntarnos: ¿cómo actualizamos esta fibra llena de arrojo, sabiduría y nobleza? Es la pregunta que me hago cada día. En todo caso, a medida que vamos descartando los espejos deformantes que han sido puestos ante nosotros y damos con nuestros verdaderos contornos, percibo cada día más el despliegue de un nuevo tejido panhispánico, espontáneo y brioso, particularmente tangible en internet, digno de nuestra máxima atención para buscar respuestas. La realidad ciberespacial, que *pulveriza distancias y fronteras*, está poniendo en contacto cotidiano, en un territorio virtual mundial convergente, a quinientos millones de hispanohablantes, generando unos intercambios interhispánicos de dimensiones sin precedentes: este es el acelerador de la tercera ola de la rebelión hispanista en ciernes, una que, dejando atrás los relatos lastrantes —primera ola— y retomado el hilo de la grandeza —segunda ola—, verá naturalmente el despliegue desde el ciberespacio en español de múltiples y masivos procesos cohesivos que, de abajo hacia arriba, sacudirán irresistiblemente la modorra de nuestras élites, que naufragan hoy —y nosotros con ellas— entre la adaptación, la miopía o incluso la venalidad.

Durante siglos, los hispanos vivimos en una gran casa común de múltiples patios. Éramos entonces una enorme familia unida. Ese tamaño y esa unión, de la mano de claves filosófico-político-religiosas, dieron pie a una enorme potencia que se desplegó en todos los ámbitos del quehacer humano con una energía inigualada hasta el día de hoy. Hispanoamérica es el más alto y ambicioso exponente de ese despliegue e *Hispanoamérica, canto de vida y esperanza* nos la revela como tal. Esa revelación nos gira irresistiblemente hacia lo grande. Dicho giro es impostergable: el archipiélago es inviable. La historia se acelera y el combate entre fuerzas gigantes, discernibles o no, va dejando muchos muertos, muchos heridos, muchedumbres al descampado. ¿Nos hallaremos entre ellos? ¡Pero si juntos domamos una vez los vientos de la historia! Tomemos la senda del reconocimiento de nuestra grandeza común para reabrir las puertas que bloquean hoy los patios de la gran casa hispana, para reencender allí la lumbre de un hogar protector, poderoso e inspirador que nos dará la fibra necesaria para acometer los retos inmensos desde los afectos profundos. Tal es la invitación que nos hacen a todos los hispanos, fotograma a fotograma, José Luis López-Linares y su equipo. Esta invitación requiere urgente respuesta.

CARLOS LEÁÑEZ ARISTIMUÑO

Introducción

Recuerde el alma dormida,
avive el seso y despierte.

Para despertar, nos dice Jorge Manrique, hay que recordar antes. El recuerdo nos saca del adormilamiento, del sueño en el que nos ha sumido la historia falsificada, y si avivamos la inteligencia, si somos capaces de recordar, entonces despertaremos.

Este es el propósito de mis películas, avivar el recuerdo para que la razón actúe y seamos capaces de encontrar la verdad.

La continuación lógica de *España, la primera globalización* es *Hispanoamérica*. Una vez desmontada la leyenda negra y recordada la Historia de España, fuimos libres para mostrar la belleza en el arte, en la música de nuestra común civilización.

En *Hispanoamérica* hemos afianzado la generación que impulsó *España*, formada por historiadores y escritores, youtubers y blogueros, pintores, lectores y espectadores y por los más de cuatro mil mecenas que han hecho posible la existencia de la película. Todos estos hispanos que aman la verdad y necesitan cuidar sus raíces desde una posición libre de ideologías, en pro de la Hispanidad, que no está, por tanto, promovida desde el poder, que crece de abajo arriba y que está definiendo un campo cultural y acumulando capital simbólico debido a su éxito popular.

Esta nueva película va especialmente dirigida al gran espacio hispano en el que todos cabemos. Pretendo que sirva de punto de encuentro, de catalizador de la Hispanidad.

En México, Perú, España, Argentina, Estados Unidos, Chile, Colombia... Muchos pocos avivan el seso, recuerdan y se están despertando. Es la razón por la que sigo trabajando, por la que existe este libro y por la que quiero dar las gracias al equipo de LópezLi Films: Cristina Moñívar, Pablo Blanco, Jorge Magaz, Víctor Escribano, Pilar Barbat, Andrés Recio, Andrea Martínez, Pedro Otero, Elisa Menéndez-Pidal, Miguel de Bertodano, Ana Zabía, Mercedes Temboury, Jorge Sánchez de Castro, Mercedes Martínez Albesa, Pablo Alayza, Valeria Gentile y Raúl González Gemes.

A Unidos por la Historia, asociación creada por Beatriz Paredes que tanto hace por la Hispanidad.

Al equipo de Bosco Films: Lucía González-Barandiarán, Carla Restoy, Marta Calderón, Juan Cabrera y Juan José Torres.

Al equipo de la editorial de Plaza & Janés: David Trías, Virginia Fernández y Luis Montero, gracias por la confianza. Y a Mariana Gasset e Inés Atienza, por su dedicación. Entre todos hemos hecho posible que tengas este libro en tus manos.

Gracias a los que han participado con su conocimiento y entusiasmo construyendo la base de la película y del libro. A tantos sin los cuales esta película y este libro no habrían sido posibles.

Y, por supuesto, a los más de cuatro mil ángeles arcabuceros, que han sido mecenas de *Hispanoamérica, canto de vida y esperanza*.

Y a S.M. el Rey Felipe VI, que tuvo la generosidad de acompañarnos en el estreno de la película en el cine Paz de Madrid.

Todos hemos trabajado en este proyecto porque creemos que lo que hacemos es necesario. Hay una historia de lo común entre América y España. Es demasiado valiosa para caer en el dualismo buenos/malos.

El patrimonio histórico, artístico, cultural y musical nos dota de un sentido de lo común. No hay que crearlo, hay que conocerlo y cultivarlo. Formamos una comunidad de más de quinientos millones con una religión, una cultura y una lengua en común. No hay nada parecido en el mundo. Todos desde la Patagonia hasta Estados Unidos debemos ser conscientes de este hecho. He sentido en el público tanto en España como en América un agradecimiento espontáneo, estaban esperando algo así, sin saber lo que podría ser.

Como dijo el cardenal Newman: «Un proceso secreto y silencioso está fraguándose en los corazones de muchos». Creo que estoy aquí porque el documental ha puesto de manifiesto una generación cultural con unas características nítidas y un respaldo popular sólido. En palabras de Adelaida Sagarra: «Saber que procedemos de una gente que se batió con los tres océanos nos defiende de la tentación de acostumbrarse a una charca. De la historia comparada surge la historia incomparable. De las historias entrelazadas, el nosotros y la historia global».

A veces en una gran faena en la plaza de toros, o como pasó en el momento decisivo de la Batalla de Lepanto, el viento cambia; el viento de la Hispanidad ha cambiado y ahora nos impulsa con fuerza.

José Luis López-Linares

Reyes de Castilla, y de León,
que les ha sucedido hasta el presente que Dios guarde
Algunos Historiadores ponen, antes de estos S.res Ingas
Edades, en que florecieron quatro famosos Capi
tanes: el 1.º Huari Viracocha Runa casado con Mama
Huarmi el 2.º Huari Runa casado con Mama Pucullo: el 3.º
Purun Runa casado con Mama Siſac: el 4.º Auca Runa ca
sado con Mama Panduri Sisac: Otros cuentan por sus nom
bres, desde el diluvio hasta el primer Inga, ciento y quatro Reyes
por noticia de sus Quipus, o Anales escritos, o formados con ñudos en hilos
de varicolores
SINCHIROCA INCA II.
LLOQUIYUPANGUI INCA III
MAYTA CAPAC INCA
El Melancolico Conquisto a los C
hasta el famoso Cerro de Potosi Hizo
lebre Puente de Apurimac para
quistas Tuvo 50 Hijos Vivio 120
la Coya fue Mama Chimbo Yachi
Suce diole su Hijo
El Famoso: aunque es varia su fama
Con valor, y benignidad conquisto las
grandes Provincias de los Ayaviris, Co
llas y Chucuytos Vivio 130 años La
Coya su Muger fue Mama Cora ocllo
Suce diole su Hijo
PACHACUTIC INCA IX
INCAYUPANGUI INCA X
TOPAYUPANGUI INGA
Sucediole su Hijo
XVII. del PERU
FELIPE IIII REY XVII del PERU
XVIII del PERU
CARLOS II REY XIX del P

I
El imperio mestizo

PÁGINA ANTERIOR

Genealogía de los incas con los monarcas hispanos como sus legítimos sucesores imperiales. Anónimo cuzqueño, *c.* 1725. Catedral de Lima (Perú).

«Lo que nos hermana es la historia común. Y hay historia común desde que somos hispanos»

Juan Miguel Zunzunegui

México no existía antes de la conquista española por parte de Hernán Cortés. Del mismo modo que tampoco existían Perú, Guatemala o California. Esta afirmación puede parecer una obviedad, pero ello no impide que a menudo se pase por alto o, simplemente, se ignore esta realidad.

Pensar, por ejemplo, en México como una entidad histórica previa a la llegada de los españoles adultera y distorsiona todo el relato de los hechos ciertos. La consecuencia es que los tres siglos de dominio hispano se ven como una especie de paréntesis, una ruptura traumática de una suerte de tradición histórica y nacional indígena cuyos orígenes se pierden en el pasado —ya sea en los mexicas, en los mayas, en los olmecas o en otra antigua civilización amerindia—. La historia es sustituida por una fábula que suena más o menos así: en México (por seguir con el ejemplo ya citado) una civilización nativa y homogénea vivía desde siglos atrás conforme a sus costumbres ancestrales cuando, de pronto, llegaron los soldados castellanos, usurparon el territorio, impusieron su cultura, diezmaron a la población. Durante trescientos años, los pocos indígenas que sobrevivieron al genocidio español vivieron excluidos y marginados hasta que, finalmente, recuperaron la independencia de la que gozaban en tiempos precolombinos. Volvieron a ser una nación nativa libre. El investigador de la interrelación hispanidad-globalización, el venezolano Carlos Leáñez, señala la necesidad de desterrar y superar ese falseamiento de la historia por el que «en Hispanoamérica, somos víctimas de un relato que, a grandes rasgos, dice que nosotros éramos santos indígenas que vivíamos en una situación paradisiaca, la cual es interrumpida por la llegada de unos barbudos singularmente crueles que solo vinieron a robar, pillar, vejar, matar, etcétera».

El historiador peruano Ramón Mujica cuenta que «en el himno nacional del Perú hay una estrofa hoy suprimida que describía los trescientos años de coloniaje como el estruendo de broncas cadenas que se escuchó durante tres siglos de horror. Es decir: los trescientos años de virreinato fueron una edad oscurantista, una edad media, que los separaba a ellos de tiempos prehispánicos como si el tiempo de los incas fuese una suerte de arcadia dorada a la cual ellos estaban retornando con el proceso emancipador. Claro, no hay nada más falso que eso».

Ramón Mujica, Carlos Leáñez y otros muchos hispanoamericanos piensan y defienden que esa visión maniquea de su pasado es errónea porque parte de varias premisas falsas, como que constructos como México o Perú ya existían en tiempos anteriores a la época virreinal o que los procesos de independencia lo que hicieron fue «reanudar» aquella historia indígena que había quedado en suspenso durante siglos. Lo cierto es que los indígenas de Hispanoamérica fueron en la mayoría casos marginados de los procesos independentistas del siglo XIX, cuyos impulsores y líderes intelectuales eran casi todos criollos blancos.

Mural retablo de la Independencia. Juan

Una persona que naciera hoy en Guatemala, por ejemplo, tiene la misma relación con un maya precolombino que la que tendría un ateniense de nuestra era con la Grecia de Pericles o un español contemporáneo con el reino de Argantonio. El doctor en Humanidades mexicano Juan Miguel Zunzunegui considera que lo que realmente hermana a

O'Gorman, 1960. Museo Nacional de Historia, Ciudad de México (México)

los hispanoamericanos no es su pasado indígena, ya que este dista mucho de ser homogéneo y, por lo tanto, de poder considerarse un elemento unificador: «Los indígenas de América no eran hermanos entre ellos, no se conocían y los que se conocían se mataban unos a otros. Los pueblos náhualts no son amigos entre sí. No son amigos de los mayas, no tienen contacto con los incas. No existía ninguna hermandad indígena en América». Así pues, ¿cuál es, según Zunzunegui, el verdadero elemento catalizador de los americanos del siglo XXI? La respuesta es muy simple: «Lo que nos hermana es la historia común. Y hay historia común desde que somos hispanos». En su libro *Del mito azteca al mito de la conquista*

El valor de un nombre
Juan Miguel Zunzunegui

El 13 de agosto de 1521 cayó Tenochtitlan en manos de un ejército de decenas de miles de tlaxcaltecas, texcocanos, cholultecas, huexotzincas y totonacas. Los pueblos que llevaban cien años oprimidos se liberaron de sus violentos y sanguinarios opresores mexicas.

En medio de ese gran ejército había 800 hombres «blancos» y barbados conocidos como caxtliltecas. Al frente de tan temibles huestes iba el señor de Malintzin, el Malinche, Quetzalcóatl: Hernán Cortés, el empresario que había arriesgado toda su fortuna en un sueño.

Al día siguiente de la conquista, españoles y tlaxcaltecas comenzaron la construcción de México. Ellos y todos los demás pueblos

se fueron integrando en la hispanidad. El nombre le da esencia y existencia a las cosas. Arrebatar el nombre es robar el alma, en este caso el alma de una civilización exiliada: la Hispanidad. Eso es lo que somos y por eso este hermoso espacio cultural del mundo se llama necesariamente Hispanoamérica.

No podemos permitir que sea el Otro el que nos nombre. La Hispania romana es latina, pero también griega, visigoda, musulmana y judía para ser totalmente cristiana, humanista y luminosa, renacentista.

Esa Hispania es la que llegó a América llevada por la fuerza de la historia y sembró la semilla de la que brotó la Hispanidad, mestiza y criolla, pagana y cristiana, negra y mulata, barroca hasta el exceso. Todo eso es lo que somos en Hispanoamérica.

Somos hispanoamericanos, no latinoamericanos

Marcelo Gullo Omodeo

Nosotros no somos latinoamericanos, somos hispanoamericanos. Y no lo somos porque el concepto de América latina —como explica el pensador marxista Juan José Hernández Arregui (1913-1974), a quien resulta imposible catalogar de nacional católico, facha o franquista— es un concepto falso, un nombre espurio, un término creado para uso del Imperio francés por el colombiano Torres Caicedo, y luego utilizado por Estados Unidos, que disfraza una de las tantas formas de colonización mental, tan viva hoy en Hispanoamérica como en España. Es preciso decirlo sin medias tintas: el término Latinoamérica fue creado a demanda para hacernos olvidar nuestro origen, nuestras raíces. Se lo encargó el gobierno francés a Torres Caicedo y fue, por lo tanto, un instrumento del imperialismo cultural francés.

Los conceptos «América española» y «América hispánica» fueron usados y aceptados por todos los hispanoamericanos, sin ningún cuestionamiento, desde antes del proceso de independencia y hasta prácticamente 1852, coincidiendo con la creación del segundo imperio francés. Los franceses tenían claro que lo decisivo era conseguir que los hispanoamericanos olvidaran su raíz hispana, de ahí que la batalla por el nombre fuera decisiva. Los ingleses dejaron hacer a los franceses porque lo que consiguiera Francia sería de mucha utilidad al poder inglés.

Curiosamente, cuando Francia fue derrotada en México, Estados Unidos se propuso alcanzar el mismo objetivo cultural —desterrar los términos Hispanoamérica o América Española— que se había propuesto Francia, y continuó su batalla por el cambio del nombre. En las universidades norteamericanas comenzó entonces a ser hegemónico el término América Latina.

¿Cuál fue la razón del éxito de la política cultural imperialista primero francesa y luego norteamericana? La explicación no se encuentra en rebuscadas hipótesis que solo existen en la cabeza de los académicos sin criterio político. La verdad es mucho más simple: la razón del éxito del reemplazo del término Hispanoamérica por América Latina hay que buscarla en los prejuicios que la leyenda negra había engendrado en los hispanoamericanos. Incluso los más antiimperialistas, como el gran patriota argentino Manuel Ugarte (1875-1951), sentían vergüenza de llamarse hispanoamericanos, aunque en muchos casos, como el del propio Ugarte, amaran a España. En Hispanoamérica las modas intelectuales, hasta el día de hoy, se han impuesto desde Francia, Inglaterra o Estados Unidos. Y, lamentablemente, las juventudes —sobre todo las universitarias— siguen irreflexivamente, hasta nuestros días, las modas ideológicas provenientes de los centros del poder mundial.

OCEANUS
ZUR
PERUVIANUS
PACIFICUM
MAR DEL NORT
OCEANUS ATLANTICUS
TENTRIONALIS
NOVA FRANCIA
LA FLORIDA
SINUS MEXICANUS
NOVA HISPANIA
GUIANA
AMERICA MERIDIONALIS
BRASILIA
Azores insulæ Flandricæ
Fretum Magallanicum
Terra del Fuego
RALIS INCOGNITA.

profundiza en la misma idea: «Hoy por hoy, México es este país con cierto territorio unificado, un gobierno, una población mestiza, cultura barroca, religión mayoritariamente cristiana de culto guadalupano y que habla español. Pero nada de eso existía en tiempos aztecas».

América antes de los españoles

Esa cultura previrreinal e indígena que tiende a idealizarse es probable que hubiera desaparecido casi por completo de no haber sido por el más importante y característico de los legados de la dominación española en América: el mestizaje.

Hispanoamérica es el producto de dos mundos: el español y el nativo. De su unión surge algo nuevo que, al mismo tiempo, viene de raíces muy antiguas, con lo que se crea una cultura inédita hasta la fecha basada en una serie de elementos como son una religión y un idioma comunes. Estas muestras de mestizaje son bien visibles por todo el continente americano en la cultura, en las costumbres, en la arquitectura, en la pintura o en la música.

Perú conserva uno de los mejores ejemplos en la iglesia de san Pedro Apóstol de Andahuaylillas donde puede admirarse en la bellísima portada barroca de su capilla la fórmula del bautismo escrita en cinco idiomas diferentes: primero en latín, *Ego te baptizo in nomine Patris, et Filii, et Spiritus Sancti, Amen*; después, en español; a continuación, en quechua seguido del aymara, y, por último, el idioma puquina, la lengua de la nobleza inca que entonces se hablaba en este lugar.

Las diferentes corrientes culturales de la América virreinal se entrelazaban entre ellas de forma armónica también en sentido literal como atestigua el *Hanacpachap cussicuinin* (*La alegría del cielo*), himno religioso compuesto por Juan Pérez de Bocanegra hacia 1622 que, según indica el catedrático peruano, autor de *Los incas hispanos*, Rafael Aita: «Fue la primera polifonía escrita en América y no fue escrita en español, sino en quechua». En este caso, el Barroco importado por los españoles encuentra a través de una lengua indígena un nuevo y exquisito vehículo de expresión. La misma esencia de lo que significa el mestizaje parece condensarse en las notas del himno de Pérez de Bocanegra, que más que dedicado a la «alegría del cielo» pareciera concebido para cantar la fructífera belleza nacida del encuentro de dos mundos separados por un océano.

Aunque, a la luz de los últimos hallazgos arqueológicos, es posible que los españoles no fueran los primeros forasteros en pisar el continente americano; la aportación española careció de todo parangón en la medida en que fue capaz de crear algo nuevo y duradero. Tal vez Castilla no «descubriera» América, pero no cabe duda de que creó Hispanoamérica. Ningún eventual viajero que llegara a esas tierras antes que los marinos castellanos fue capaz de producir un legado tan sólido y perdurable en el tiempo.

Portada pentalingüe del baptisterio donde la fórmula del bautismo está escrita en cinco idiomas diferentes: español, latín, quechua, aymara y puquina. Iglesia de San Pedro Apóstol de Andahuaylillas, Cuzco (Perú).

El Yaotlacuiloli o Lienzo de Tlaxcala

Nazario A. Sánchez Mastranzo

El estudio de los documentos pictóricos producidos durante la época colonial ha sido vasto en los últimos años, han aparecido ediciones facsímiles acompañadas de estudios críticos, catálogos, etc. Muchos de ellos se han rescatado de repositorios a los que quizá nunca hubiéramos podido acceder debido a lo restringido de su acceso: fiscalías, sacristías, archivos municipales y algún que otro particular. Además, las bibliotecas en México y el extranjero han abierto sus puertas para ofrecernos sus joyas.

La mayoría de estos documentos son parte de expedientes judiciales, administrativos y de diversa índole. Además, muchos de los estudios han abarcado el análisis de los mismos expedientes mientras que otros solo se han enfocado a clasificarlos por época, estilo y tipo.

Uno de los documentos que han sido ampliamente estudiados, sin lugar a dudas, es el conocido como *Lienzo de Tlaxcala*, elaborado a mediados del siglo XVI, que reúne en un conjunto de imágenes la participación de los tlaxcaltecas en la conquista al lado de las fuerzas españolas. No sabemos con exactitud quién o quiénes fueron los autores de este documento, debido a que no se conserva el original y solo han llegado hasta nosotros copias elaboradas entre los siglos XVI, XVII y XIX.

El Lienzo de Tlaxcala se realizó a petición del cabildo de Tlaxcala en 1552: «También, en relación al escrito de guerra/ yaotlacuiloli/ de cuando vino el marqués y de las guerras que se hizo en todas partes, todo se reunirá, se escribirá para que se lleve a España, lo verá el emperador; ellos, los regidores [...] y [...] lo que se requiera se lo dirán al mayordomo de la comunidad; manifestará en lo que se escriba, quizá en manta o en papel; lo que les agrade, eso se hará».

En su origen se planificó para ser entregado al emperador. Charles Gibson señala que hubo originales: uno que sería entregado en España, otro más para el virrey en la Ciudad de México y un tercero que se guardaría en el arca del cabildo tlaxcalteca. Alva Ixtlixochitl menciona que la pintura se custodiaba en el cabildo de Tlaxcala y describe a grandes rasgos la escena del bautizo de los cuatro señores. Por desgracia, ninguno de los tres originales ha aparecido con certeza, aunque Ballesteros señala que el capitular del ejemplar que se encuentra en la Casa de Colón de Sevilla es, efectivamente, un fragmento de la copia que debió enviarse al monarca español. Sin embargo, en la conocida relación geográfica de Tlaxcala, encontramos quizá la copia más completa y más temprana que se conoce actualmente. Lo que es cierto es que se sabe de tres originales. De la versión que existía en el cabildo de Tlaxcala se sacó en 1773 una copia por mano de Manuel de Yllañes, que hoy se conserva en la Biblioteca Nacional de Antropología. De esta copia a su vez se sacaron cuando menos otras tres: la primera es una completa que se elaboró en 1933, las

PLVS
VLTRA
Chalco
Tenochtitlan
Tlaxcallan
tepotzotlan
quauhtinchan
tepexic

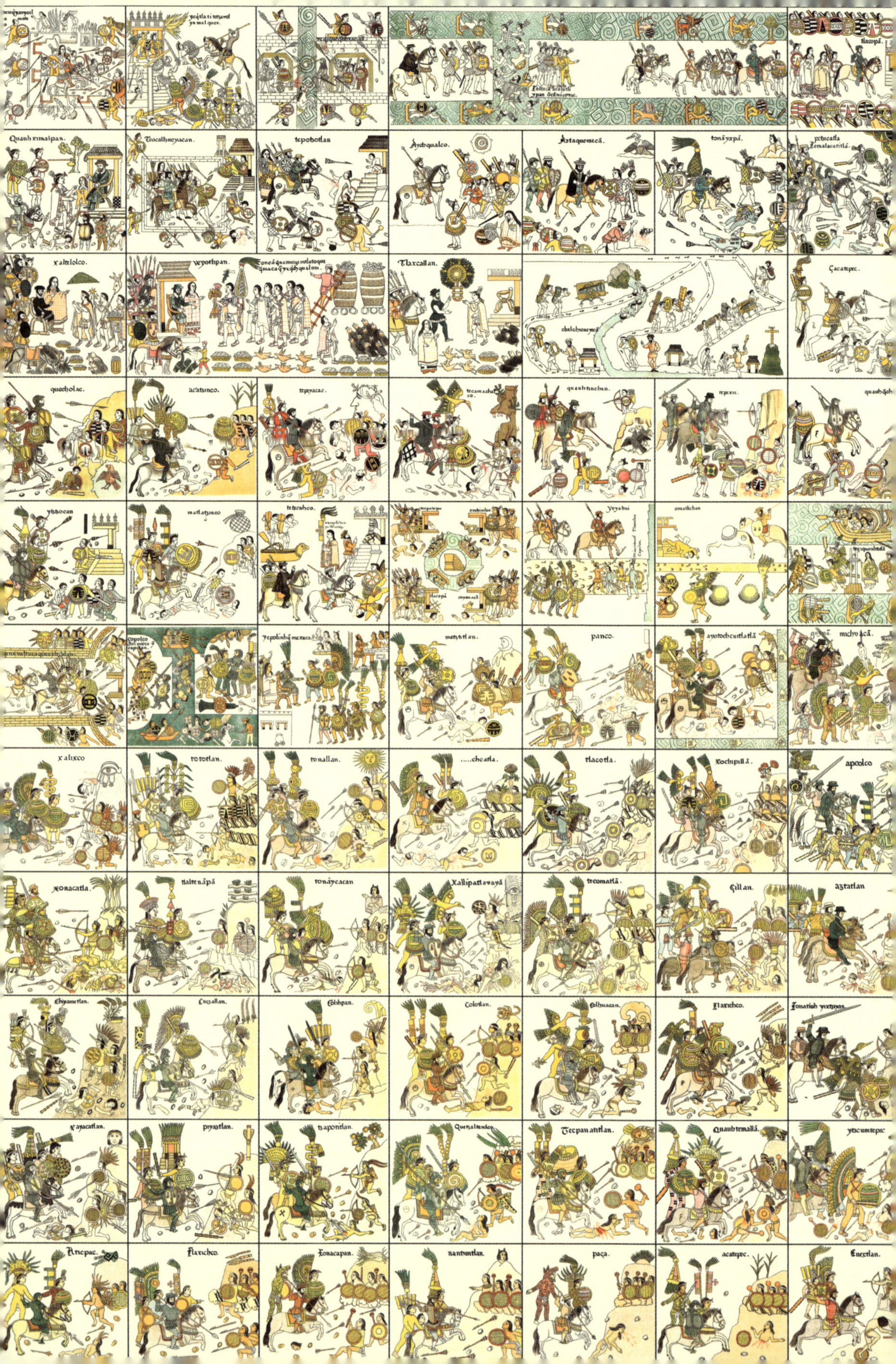

Quauhximalpan.
tepotzotlan
Atzcapotzalco.
Tlaxcallan.
Cacatepec.
quecholac.
acatzinco.
tepeyacac.
metztitlan.
panco.
xalixco
tototlan.
tonallan.
tlacotla.
apozolco
aztatlan
Colotlan.
Tecpan atitlan.
Quauhtemallã.
Anepac.
tlaxichco
Tonacapan.
paça.
acatepec.

otras dos son versiones parciales, una se encuentra en la Universidad de Tulane, en Nueva Orleáns, Estados Unidos, y la siguiente se exhibió en la Exposición Universal de París, en 1889. No podemos dejar de mencionar la copia que se elaboró a finales del siglo XIX por el entonces gobernador de Tlaxcala, Próspero Cahuantzi, y que se publicó en 1939.

La Relación Geográfica de Tlaxcala (o «Descripción de la Ciudad y Provincia de Tlaxcala de la Nueva España e Indias del mar océano para el buen gobierno y ennoblecimie[nt]o dellas, mandada hacer por su S.C.R.M. del Rey Don Felipe, nuestro señor») fue hecha por Diego Muñoz Camargo, vecino y natural de la misma ciudad, entre 1552 y 1552, compuesta por el texto escrito y dos anexos pictográficos. El segundo anexo contiene una serie de cuadros donde se incluye, además de otras escenas emparentadas con el *Lienzo* en sus distintas versiones, la parte pictográfica que se ha dado en denominar Códice Tlaxcala.

No podemos dejar de mencionar la serie de cuatro fragmentos que se localizan en la Universidad de Austin en Texas y que recientemente Luis Reyes ha publicado en dibujo a línea. Estos fragmentos corresponden a las escenas 31, 32, 34 y 35 del Códice de Tlaxcala y a las láminas del 4 al 7 del *Lienzo* y no han sido publicadas de manera facsímil. Sin embargo, su existencia sugiere que debió elaborarse una especie de borrador que permitió conformar el Yaotlacuiloli.

Otro documento que caería dentro de esta tipología es el llamado «Códice entrada de los españoles en Tlaxcala»: se trata de un documento que ha sido seccionado en seis hojas y, de acuerdo con Jorge Gurria Lacroix, quien lo publicara en 1966, es una copia elaborada a fines del siglo XVII o principios del XVIII.

Recientemente apareció en la fiscalía de San Francisco Ocotelulco un fragmento en tela. Mide 80 por 60 centímetros y posee algunos elementos de la escena capitular del Lienzo de Tlaxcala. También se ha incluido en el libro de Luis Reyes, quien ha cometido algunos errores, tanto en la descripción como en la reproducción.

Juan Miguel Zunzunegui es una de las muchas voces expertas que nos previene sobre la tentación de mitificar (y mixtificar) el pasado precolombino americano: «México no existe antes de que llegue Castilla —asevera—. Entonces, no hay tal cosa como la conquista de México. Hay una conquista de Tenochtitlán, que era una ciudad. [...] Hablar del México prehispánico, amerindio, precolombino o como se le quiera llamar es un error porque parte de la falsa premisa de que México ya existía siglos, incluso milenios, antes de la llegada de Colón o de Cortés, lo cual es una mentira. [...] Muchos se empeñan en considerar a los aztecas como el origen de México y como nuestros ancestros; bueno, si diéramos esto por cierto, entonces resultaría que ningún pueblo antes de los aztecas, o en territorios más allá del domino azteca, sería México. De esa forma, si el mexicano desciende del azteca, nada tienen que ver con México los olmecas, teotihuacanos, toltecas, purépechas, zapotecas o mayas».

Así pues, el único pueblo amerindio que podría reivindicar el haber sido conquistado por Hernán Cortés y sus hombres es el de los aztecas (o mexicas), definición que no cubre en absoluto a la totalidad de los reinos y culturas amerindias que poblaban el territorio con anterioridad a la llegada de los españoles. Los mexicas, gobernados por Moctezuma, impusieron su dominio sobre los demás pueblos amerindios de la región a lo largo del siglo XV. Sus grandes rivales fueron los tlaxcaltecas, a quienes finalmente impusieron un tratado de paz que obligaba a la celebración anual de las llamadas «Guerras Floridas», combates rituales cuyo fin era el de hacer prisioneros para luego ofrecerlos en sacrificio a los dioses.

La conquista como guerra entre indígenas

Muchos de los pueblos sometidos por los mexicas no veían a sus amos con simpatía. Ese es el motivo y no otro de que la llegada de Hernán Cortés en 1519 actuara como un catalizador de las iras y el resentimiento que muchos nativos sentían por los mexicas. La aparición de los españoles en aquel complejo escenario político provocó una reacción imparable de los pueblos sometidos, quienes vieron en Cortés no a un invasor, sino a un providencial aliado para sacudirse el yugo mexica. Para ellos, el verdadero enemigo, el auténtico detentador del poder, era Moctezuma y no el rey de España. El escritor mexicano Héctor de Mauleón expone así el hartazgo de los pueblos indígenas: «La caída de Tenochtitlán fue posible debido al inmenso odio que el pueblo mexica había sembrado sometiendo a los reinos que nos circundaban debido a los métodos brutales de sacrificio, de guerra».

Resulta evidente que a Cortés le habría sido imposible conquistar un gran imperio (o incluso uno pequeño) con la escasa cantidad de castellanos a su mando. El historiador mexicano Martín

Ríos Saloma calcula que durante la guerra contra los mexicas «por cada soldado castellano habría al menos cien soldados indígenas». Si tomamos en consideración que Cortés contaba con unos novecientos castellanos, tendremos que admitir que los noventa mil indígenas que formaban el grueso de la expedición fueron los artífices de la caída de México-Tenochtitlan y que, por lo tanto, «se trata de una conquista fundamentalmente indígena en contra del señorío mexica».

El emperador Moctezuma era la cabeza de la llamada Triple Alianza, compuesta por las ciudades de Tenochtitlán, Texcoco y Tacuba, la cual ejercía una suerte de señorío de vasallaje sobre el resto de las ciudades y estados de la región. Estos debían pagar duros tributos administrativos, militares, económicos y religiosos, a menudo en forma de reos para ser sacrificados en Tenochtitlán. El más importante rival de la Triple Alianza era la Confederación de Tlaxcala, que se unió a Cortés en la lucha contra los tenochcas, pero no fue el único. Dentro del ejército que conquistó la capital mexica la inmensa mayoría de los soldados eran de Cempoala, Quiahuiztlan, Texcoco, Chalco, Xochimilco, Azcapotzalco, Mixquic y otros muchos pueblos sometidos. Las tropas castellanas representaban una ínfima parte de un gran ejército que emprendió la lucha contra la Triple Alianza como si fuera una especie de guerra civil contra un señorío tiránico. En palabras de Adelaida Sagarra, profesora titular de Historia de América de la Universidad de Burgos: «Sería imposible que Cortés o Pizarro hubieran conquistado esos imperios [el inca y el azteca] si no hubiera sido porque tenían dentro su propia quiebra».

Por su parte, el historiador de la UATX / UNAM Rodolfo Juárez Álvarez señala que «los tlaxcaltecas nunca se vieron como un pueblo vencido [por los españoles]. Al verse como conquistadores, ellos escriben y pintan una historia particular y diferente, que la historia hegemónica nacional ha tratado de invisibilizar a lo largo de estos quinientos años». Esta reflexión es compartida por su compatriota, Nazario Sánchez Mastranzo, historiador del centro INHA Tlaxcala, quien además nos ofrece un primer ejemplo del mestizaje que estaba a punto de imponerse en el continente tras la caída de la capital mexica: «Los tlaxcaltecas, junto con los españoles, provocaron la caída de Tenoxtitlan el 13 de agosto de 1521. Dos días después, llega la noticia a Tlaxcala. Y entonces se hace una fiesta, justamente por haber vencido a sus enemigos acérrimos. Ese día el pueblo se engalana. Uno de ellos pregunta a los españoles: "¿Qué fiesta es hoy?". La fiesta fue justamente la Asunción. Por eso el 15 de agosto, durante todo el periodo virreinal, en Tlaxcala se celebra como una fiesta religiosa y también como la conmemoración de la alianza entre españoles y tlaxcaltecas».

Un sincretismo parecido se dio también en el contexto de la caída de otro gran imperio amerindio, el inca. En 1536, una alianza de españoles e indígenas de diversos orígenes —cañaris,

chachapoyas y otros— se había hecho con el control del imperio inca. Dicha alianza contaba además con el apoyo de los llamados «incas hispanos», que eran miembros de la nobleza real incaica.

Manco Inca, un príncipe de sangre real que en un principio había sido aliado de los españoles, se rebeló después contra ellos y se puso al mando de un ejército. Sus tropas se enfrentaron a la alianza hispano-indígena en la fortaleza de Sacsayhuamán, cerca de Cuzco. Rafael Aita describe así lo que ocurrió en aquella violenta jornada: «Entre estas antiguas piedras se pelearía la batalla que decidiría el destino de Cuzco. Se dice que acá hubo una gran aparición. El apóstol Santiago bajó para ayudar a los españoles a ganar la batalla». Tiempo después los pueblos andinos adoptaron a Santiago como su patrón. Pese a la aparente contradicción de honrar a una figura que había intervenido en su contra en aquel enfrentamiento, la explicación a este hecho reside en que los españoles lucharon auxiliados por diversas etnias locales ya que, igual que había ocurrido en México, una gran cantidad de la población indígena andina no vio a los españoles como invasores, sino como un aliado contra un enemigo local, en este caso los rebeldes de Manco Inca y sus cuzqueños.

La monarquía mestiza

La España virreinal asentada sobre las victorias militares y diplomáticas de hombres como Pizarro y Cortés debía desarrollarse

Santiago Apóstol acude en la ayuda de ayarmacas y españoles contra las tropas de Manco Inca.
Anónimo, siglo XVII, Iglesia de San Salvador de Pucyura (Perú).

Retrato de Martín Cortés. Anónimo, siglo xvi, Salón del Patronato, Hospital de Jesús, Ciudad de México (México).

Atahualpa, decimocuarto inca. Uno de los 14 retratos de reyes incas. Anónimo, entre 1750 y 1800. Iglesia de San Francisco, Quito (Ecuador).

forzosamente sobre el impulso del mestizaje entre nativos e hispanos si aspiraba a ser duradera. La Corona de Castilla pasó de controlar, poco menos que de la noche a la mañana, un imperio de una vastedad casi inédita hasta entonces. La administración de la Corona española no tenía precedentes políticos ni históricos que le sirvieran como referencia para gobernar un territorio tan inmenso. España tenía que inventar casi desde cero la forma de administrar un imperio con los medios burocráticos, tecnológicos y humanos de los que se disponía en el siglo XVI, apenas superada la Edad Media. La Corona de Castilla muy pronto asumió que tal administración sería imposible sin contar con el concurso de los nativos. España, sencillamente, carecía del capital humano necesario para poder gobernar de manera eficiente los territorios de América.

La intención de la Corona tampoco era la de erradicar la cultura local. Su principal interés se apoyaba en dos aspectos: una explotación económica eficaz y la evangelización. En ambos casos, la Corona entendía que los nativos debían participar de forma activa pues, de lo contrario, ninguno de los dos proyectos tendría éxito. Casi desde su nacimiento, el imperio español fue un imperio mestizo y retuvo ese rasgo fundamental durante sus tres siglos de existencia. Fue, de hecho, en gran parte gracias al mestizaje por lo que pudo mantenerse durante tanto tiempo.

La unión entre Hernán Cortés y Malinche es, casi con toda seguridad, el mayor símbolo de este éxito. Fruto de dicha unión, hacia 1522 nació Martín Cortés Malintzin y su linaje fue legitimado por una bula pontificia emitida por Alejandro VI. Su padre, que había sido nombrado marqués del Valle de Oaxaca se casó después con la aristócrata Juana de Zúñiga (Malinche, a su vez, se había desposado con el español Juan Jaramillo) con la que tuvo otros hijos legítimos, pero nunca desatendió la herencia ni la formación de su primogénito mestizo pues, como él mismo escribió a su agente Francisco Núñez: «[a mi hijo Martín] no le quiero menos que al que Dios me ha dado en la marquesa». Martín fue educado como paje del futuro Felipe II y obtuvo de su padre un generoso legado cuando este falleció. Nunca fue marginado ni señalado por el hecho de ser mestizo. Si bien, ya en la edad adulta, fue perseguido por la justicia real al ser acusado de participar en la Revuelta de los Encomenderos mexicanos de 1564, junto con su medio hermano, hijo legítimo de Cortés y también llamado Martín. Más tarde fue exonerado de toda culpa y, al parecer, murió luchando junto a Juan de Austria durante la guerra contra los moriscos de Granada.

Martín Cortés es la prueba de que ser indígena o mestizo no tenía por qué suponer un lastre social en el mundo de los virreinatos. El historiador ecuatoriano Aurelio Valarezo señala que «en el siglo XVI, el concepto español y el concepto indio no eran raciales sino culturales». Valarezo llama la atención sobre un importante personaje que demuestra esta idea:

Francisco Tupac, uno de los hijos de Atahualpa, el último soberano de los incas. «Francisco de Atahualpa era miembro de la cofradía de españoles de Nuestra Señora del Pilar en San Francisco. Y él se declara como español en múltiples ocasiones. Se vestía a la española, hablaba castellano, era católico...». Francisco llegó a ser un adinerado terrateniente, con muchas posesiones en la región de Quito. Al igual que le ocurrió a Martín Cortés, su origen indígena no le supuso ningún impedimento para medrar en la sociedad virreinal.

A lo largo de los siglos XV y XVI, la monarquía hispánica tomó el control de territorios muy dispares en todo el mundo: Portugal, América, Flandes, Italia, Filipinas...; por no mencionar las diferencias existentes también dentro de los propios reinos peninsulares: Castilla, Aragón y Navarra. Gobernaba sobre millones de súbditos de toda índole que hablaban diferentes idiomas, se regían por distintos fueros y se manejaban en presupuestos culturales únicos. Tal y como explica el investigador del CSIC Manuel Lucena: «Es la identidad política de la monarquía española del siglo XVII, que es una monarquía descentralizada. Es una monarquía mestiza. Es una monarquía muy flexible a las geografías humanas y a las geografías físicas de los diferentes territorios que lo componían». El único proyecto común de la Corona española para todos sus territorios se basa en la defensa de la fe católica, es por esto que la evangelización será especialmente impulsada en América.

Carlos II de Austria, el último inca

En 1552, el cabildo de la ciudad de Tlaxcala, en México, solicitó la elaboración de un códice en el que se representara la colaboración de los tlaxcaltecas y los castellanos en su guerra contra los mexicas. De este documento, conocido como Lienzo de Tlaxcala, se hicieron tres copias, una de las cuales se envió como presente al emperador Carlos V. Las ilustraciones del lienzo son muy interesantes porque, entre otros motivos, reflejan muy bien de qué manera se concebía la integración de los pueblos indígenas en el complejo caleidoscopio de estados que componían la Corona española, donde los nativos americanos debían compartir espacio político con castellanos, aragoneses, italianos, flamencos, alemanes y, en fin, otros súbditos de los orígenes más dispares. El historiador Nazario Sánchez fija su atención en algunos detalles: «En la escena capitular del lienzo aparece el águila bicéfala española, pero aparece también este monte con la virgen de la Asunción en el centro. Eso es importante porque para los tlaxcaltecas son símbolos de su señor, el rey de España, y de la religión que aceptan y a la que se convierten. [Debajo de ella se ven dibujos de] toda la sociedad tlaxcalteca representada por las cuatro cabeceras». Las cabeceras eran las provincias de Tlaxcala, todas ellas incluidas en el lienzo con sus emblemas, así como el de sus cuatro palacios. Aparecen también los caciques y nobles tlaxcaltecos ataviados con sus atuendos de guerra, que acuden al emperador Carlos reclamando los beneficios prometidos a cambio de su alianza con Castilla y acompañados por funcionarios de la Corona. El águila bicéfala de los Habsburgo simboliza al soberano que gobierna en igualdad de condiciones tanto a los funcionarios europeos como a los aristócratas locales sin distinguir entre las razas de unos y otros.

Para la nobleza incaica su imperio, el antiguo Tahuantinsuyu, no ha desaparecido, simplemente se ha producido una *translatio imperii* en virtud de la cual la línea de legitimidad del linaje de los soberanos incas no se rompe, sino que continúa en la persona del rey de Castilla. En un artículo titulado «En busca del Inca», el historiador Rafael Aita expone que «el monarca español se convertía en rey no solamente de hecho sino también por derecho, lo cual fue reflejado en varios cuadros de la época [en los que se representa] a los reyes Habsburgo como sucesores de los incas. En un monasterio de Copacabana existe un cuadro donde se nombra al rey de España bajo el título de inca. El cuadro se refiere al rey como "poderosissimo Inga D. Carlos II Augustissimo Emperador de la América"».

Los incas hispanos

Este tipo de pinturas fueron muy habituales en la América virreinal. Una de ellas es la *Sucesión de incas y reyes españoles del Perú*, de artista anónimo cuzqueño, del año 1725. Se conserva en el Museo de la Catedral de Lima. En el lienzo, Cristo Rey preside la escena, en la que encontramos una nutrida representación de las dinastías inca y Habsburgo. Carlos V es designado sucesor de Atahualpa con la autorización de los incas. Como bien explica el antropólogo peruano Ramón Mujica: «Esto convierte a sus sucesores en los reyes que continúan, no la monarquía hispana en América, sino el Imperio incaico del Sol. Ese imperio no muere con la conquista española. Significa que los reyes de España eran no solamente los sucesores de los incas, sino incas de pleno derecho. El imperio español era, a fin de cuentas, un imperio mestizo».

El mestizaje empieza desde la cumbre, desde el mismo rey de Castilla, también retratado como inca, y se transmite de arriba abajo hacia todos los estratos de la sociedad. Las principales casas de la nobleza europea buscan matrimonios con descendientes de la aristocracia americana. De esta manera los unos legitiman de algún modo su presencia en el Nuevo Mundo mientras que los otros aseguran su estatus con el apoyo de los conquistadores.

En un célebre lienzo cuzqueño del siglo XVII se describen de forma alegórica los enlaces de Martín de Loyola con Beatriz Ñusta y de Juan de Borja con Lorenza Ñusta de Loyola. Martín de Loyola era sobrino nieto de san Ignacio, fundador de la Compañía de Jesús, y su esposa Beatriz, descendía de los últimos emperadores incas. La hija mestiza de ambos, Lorenza, se desposó con Juan de Borja, quien también podía presumir de ilustres

Sincretismos religiosos misioneros en la iglesia de Andahuaylillas de Cuzco, Perú
Ramón Mujica Pinilla

La iglesia de Andahuaylillas —a cuarenta y un kilómetros de la ciudad del Cuzco (provincia de Quispicanchi) y mejor conocida como «la capilla Sixtina de las Américas»— es por su arquitectura, lienzos, policromada techumbre mudéjar y pinturas murales una joya del barroco peruano. Construida en adobe, con una sola nave y un coro interior elevado, la iglesia está dedicada al apóstol san Pedro. Entre 1570 y 1606 se edificó sobre los restos de un templo prehispánico. Al igual que otras iglesias rurales americanas, Andahuaylillas está ubicada frente a la plaza mayor. En su fachada tiene un balcón externo —encima de la entrada principal— que servía de

«capilla abierta» para predicar y catequizar a los indios. La Compañía de Jesús tuvo a su cargo el control de esta parroquia desde 1628 hasta 1636.

La iglesia sintetiza los métodos de aculturación visual empleados por los misioneros para la conversión de los naturales. Un cura secular afiliado a la tercera orden franciscana, Juan Pérez Bocanegra (*c.* 1598-1645) —canónico magistral de la catedral del Cuzco, párroco del pueblo de Andahuaylillas, musicólogo y lingüista especializado en las lenguas indígenas de Perú— habría sido quien supervisó las pinturas murales del templo antes de que ingresaran los jesuitas. Algunos investigadores las datan entre 1620 y 1626, y están atribuidas al artista criollo Luis de Riaño (1596-1667). Desde una mirada pluricultural, la jaculatoria sacra «Te bautizo en el nombre del Padre, del Hijo y del Espíritu Santo» está pintada en cinco lenguas distintas: latín, español, quechua, aymara y puquina, sobre la portada de acceso al baptisterio, para evidenciar que las voces nativas contenían la densidad conceptual necesaria para articular y transmitir el mensaje evangélico.

La propia arquitectura del templo servía para auspiciar lecturas sincréticas en las que el monoteísmo solar de los incas parecía prefigurar el advenimiento del Dios cristiano. Alrededor del gran óculo abierto en la pared del coro alto del templo, se escribieron los nombres hebreos de Dios como el Rey del Oriente: «Sa[pie]n[tia], Adonai, Radix, Emmanvel, Clavis, Rex, Oriens». Por ello, bajo ese mismo espacio, se pintó la escena de la Anunciación con san Gabriel y la Virgen María a fin de sugerir que la luz natural del sol que se filtraba en el templo era el Sancto Adonai —el Espíritu Santo procedente de Dios Padre y del Hijo— que la fecundó. La apropiación y «negociación simbólica» misionera reconfiguraba elementos de la religión incaica con el fin de crear una nueva cultura visual católica híbrida: andina y virreinal. El propio manual confesional de Bocanegra diseñado para doctrineros de indios —publicado en quechua y español bajo el título *Ritual formulario* (Lima, 1631) y ya en uso hacia 1622— propiciaba claves para estos juegos de lecturas sincréticas. Bocanegra publica ahí el primer himno de polifonía vocal americano, el *Hanac pachap cussicuinin* dedicado a la Virgen

María, en el que uno de sus versículos la identifica con la constelación indígena de las pléyades.

De particular importancia es el enorme mural pintado sobre la pared interior de la entrada (sotocoro) de la iglesia. Era la última imagen que el feligrés contemplaba antes de salir del templo. Su iconografía, tomada de una estampa del grabador flamenco Jerónimo Wierix (1553-1619), representa una alegoría del Camino al cielo y al infierno. El alma —personificada por un hombre desnudo cubierto por una sábana blanca— se desplaza por un puente colgante cubierto de espinas. Tiene la mirada fijada en tres figuras —la Santísima Trinidad— que lo esperan en lo alto de un castillo celestial. Por detrás, el demonio intenta jalarlo y hacerlo

retroceder para que tome el camino de rosas que desemboca en las fauces del infierno. En una barquita con tres tripulantes que flota sobre las aguas del Averno, se divisa a un inca ataviado con su túnica real.

Los textos explicativos que acompañan el mural están señalizados con letras dentro de la composición pictórica para que el feligrés utilice la alegoría como un tratado práctico y visual de meditación mental. Basados en los salmos 32 y 106 de las Sagradas Escrituras, las leyendas del mural aluden a la omnisciencia y la omnipresencia de Dios en la conciencia de los hombres y en cómo, a pesar del pecado de idolatría perpetrado por los judíos en el desierto, estos fueron perdonados por Yahvé. Muchos lectores virreinales del libro apócrifo de Esdras pensaban que los indios americanos eran las tribus perdidas de Israel.

Los sermonarios virreinales se hacían eco del mismo imaginario simbólico de salvación. El Tratado de los Evangelios (1648) del padre jesuita cuzqueño Francisco de Ávila (1573-1647) —célebre extirpador de idolatrías indígenas— comparaba el Camino al cielo con el Capac Ñan o el Camino Real del inca mediante el cual, en una proeza de ingeniería, los incas habían logrado crear un inmenso sistema vial que conectaba a la totalidad de su imperio, compuesto de geografías accidentadas. Con ello, una vez más, los misioneros adecuaban el cristianismo al pensamiento simbólico, geográfico, social y religioso de los fieles nativos americanos.

ancestros jesuitas al ser bisnieto de san Francisco de Borja. En el lienzo aparecen representados los dos santos, san Ignacio y san Francisco de Borja, y también los antepasados incas de las novias, ataviados con todo el lujo y el esplendor que merece su sangre real, lo cual ofrece una estampa que a cualquier espectador español del siglo XVII habría de resultarle bastante exótica y sofisticada. Según Ramón Mujica, este cuadro expresa el programa jesuítico consistente en unir los dos mundos, el europeo y el americano, mediante el mestizaje.

Rafael Aita señala que «en un mismo árbol genealógico encontramos a dos santos, san Ignacio Loyola y san Francisco de Borja, a dos papas [Calixto III y Alejandro VI, antepasados de Juan de Borja], a los reyes de Castilla, a los reyes de Aragón y a los incas».

Una gran parte de la nobleza inca participó con entusiasmo en este proyecto de mestizaje, y aceptó el nuevo dominio castellano, pero sin renunciar a su esencia indígena. Rafael Aita los denomina «los incas hispanos» y los describe de la siguiente manera: «Nobles que se mandaron a retratar portando la mascapacha, la corona que representaba el poder del inca. Pero, al mismo tiempo, en la mano derecha sostenían una cruz como fieles católicos que eran. Sus escudos de armas habían sido entregados por la Corona española. Hablaban quechua al igual que hablaban español y latín. Ellos fueron los que unieron estos dos mundos».

Matrimonios de Martín de Loyola con Beatriz Ñusta y de Juan de Borja con Lorenza Ñusta de Loyola, obra que testimonia las alianzas políticas entre la élite española y la descendencia imperial incaica. Anónimo, siglo XVII, Museo Pedro de Osma, Lima (Perú).

II
¿Colonias o virreinatos?

PÁGINA ANTERIOR
Nueva población de San Fernando de Guadalupe en el salto de agua del río Tulijá, que lleva su corriente a las lagunas de Chichicaste y a la de Términos en la provincia de Chiapas, 1765 (México).

«Ni la Nueva España ni ninguno de los dominios españoles de Hispanoamérica fueron colonias. Eso es una invención del mundo anglosajón»

Guadalupe Jiménez Codinach

Existe el debate recurrente de si España ejerció el control de los dominios de América a través de colonias o virreinatos, que concede al primer término un sentido negativo en relación con el segundo. Tal y como explica Tomás Pérez Viejo, mientras que la palabra «colonia» transmite «un fuerte componente de explotación económica», asociada con el expolio y con un estatus de segunda categoría en comparación con la metrópolis, la denominación «virreinato» posee una connotación más positiva, ya que equipararía el rango de los territorios de América con los de cualquier otra provincia de la Corona española. Por poner un ejemplo sencillo, en un régimen de virreinato apenas existirían diferencias legales ni administrativas entre las ciudades de Cuzco y Burgos, cuyos habitantes gozarían de los mismos derechos, privilegios y obligaciones frente al gobierno central.

Los factores que adulteran el debate son muchos y variados, pero quizá el más destacado tiene que ver con el sentido que le otorguemos al término «colonia», ya que, a lo largo de la historia, se le ha conferido a diferentes realidades que a menudo apenas tienen semejanzas entre ellas. No es lo mismo una colonia fenicia del 1100 a. de C. que una veneciana del siglo XIV o que una británica del XIX. Es correcto hablar de «colonias» en los tres casos, pero es evidente que el funcionamiento de unas y otras nada tiene que ver.

En el contexto de la monarquía hispánica es mucho más preciso acudir a la

Norteamérica incluyendo las colonias británicas y los territorios de Estados Unidos, 1760-1812.

palabra «virreinato», dado que en la época habsbúrguica todos los territorios bajo esta denominación tienen más o menos las mismas características, asimilables al tratamiento de una provincia y no al de una colonia. Todos los virreinatos gozan del mismo estatus legal ante la Corona, no existen «virreinatos de segunda» —más allá de la importancia política, estratégica o económica que pudieran tener unos sobre otros—, y no hay distinción entre los súbditos del, por ejemplo, virreinato de Nápoles y los del virreinato de Perú.

Por qué virreinatos y no colonias

Son muchos los historiadores que coinciden en la opinión de que los españoles trataron sus posesiones ultramarinas como virreinatos. Así lo afirma el historiador quiteño Francisco Núñez del Arco: «La monarquía castellana y después la monarquía católica, consideraban a todos los territorios que pertenecían a su Corona como provincias o reinos, nunca colonias». Idea que comparte con Pérez Viejo: «Carece de sentido hablar de época colonial, arte colonial, cultura colonial... [Es más adecuado] el término virreinal; el virreinato de la Nueva España no era la colonia de la nueva España: era el virreinato de la nueva España». Por su parte, la historiadora y académica mexicana Guadalupe Jiménez Codinach lo ve de la misma forma y asevera: «Ni la Nueva España ni ninguno de los dominios españoles de Hispanoamérica fueron colonias. Eso es una invención del mundo anglosajón».

Cubierta para un cuaderno escolar. Georges Dascher, *c.* 1900.

Al igual que muchos expertos en la América virreinal, la doctora Codinach, considera que hay que desvincular esta etapa del fenómeno del imperialismo del siglo XIX, durante el cual se desarrollaron potencias coloniales como Gran Bretaña, Francia, Bélgica o el Segundo Imperio alemán. En ese sentido, no les falta razón al aseverar categóricamente que «virreinato» y «colonia» son dos conceptos por completo diferentes. La historiadora y académica española Carmen Iglesias también lo siente así: «Lo que llamamos colonización empieza en el siglo XIX con las colonizaciones inglesas, francesas, alemanas, etcétera». De acuerdo con ese presupuesto, por lo tanto, calificar los territorios españoles de América fundados a lo largo de los siglos XV y XVI sería, como mínimo, un anacronismo.

El académico argentino Marcelo Gullo señala que, desde el principio, la Corona española establece que los territorios del Nuevo Mundo «no serán colonias. Serán reinos, reinos en igualdad de condiciones que el reino de Castilla. [...] cásense españoles con indias e indios con españolas. Y esto significaba que no va a haber imperialismo, que no va a haber colonialismo, [lo cual hace que] España se comporte en América de forma distinta que lo que se comportaron las otras potencias».

La Real Orden emitida por la Corona española el 22 de enero 1809 resulta muy clara al respecto: «El rey nuestro Sr. D. Fernando VII, y en su real nombre la Junta Suprema Central Gubernativa del reino. Considerando que los vastos y preciosos dominios que España posee en las Indias no son propiamente colonias

2.
De Español, y Mestiza; Ca

La serie de castas de Miguel Cabrera
Ana Zabía de la Mata

Miguel Cabrera es el mejor pintor del siglo XVIII en el virreinato de la Nueva España. Nació en la ciudad de Antequera del valle de Oaxaca, alrededor de 1715, y murió en Ciudad de México en 1768. Fue enterrado en la iglesia de Santa Inés, el templo de la cofradía de los pintores.

Fue muy reconocido en su época, cabeza de un prolífico taller desde el que se exportaron innumerables pinturas a otros lugares del virreinato y a la propia España peninsular. Como hijo de su tiempo, su obra refleja los intereses contemporáneos mexicanos con tal esmero que ha sido considerado como el mejor y más fiel intérprete pictórico de su siglo. Artista fecundo y letrado, con una sólida formación asentada sobre lecturas cultas, como atestigua la relación de títulos de su biblioteca en el inventario de sus bienes, su pintura está envuelta de la cultura del Barroco mexicano.

Trabajó para las órdenes religiosas más importantes, destacan sus producciones para la Compañía de Jesús, de las cuales los ejemplos más acabados son los extraordinarios retablos de Tepotzotlán. Cultivó todos los géneros pictóricos: conjuntos narrativos de vidas de santos, ciclos marianos y cristológicos, retratos (sor Juana Inés) y cuadros de devoción, entre los que cabe señalar numerosas imágenes de la Virgen de Guadalupe, todas ellas de bellísima factura.

Se conserva de Cabrera una serie de pinturas de castas o de mestizaje formada por dieciséis lienzos. Estos conjuntos de «pinturas de la tierra», como también han sido llamadas por tratarse de un género pictórico exclusivamente americano, tuvieron en él a uno de sus mejores representantes.

Los cuadros simbolizan parejas de hombres y mujeres de distinto origen étnico acompañadas por su hijo pequeño. La alta calidad del artista se manifiesta en el minucioso estudio de los personajes, el original diseño y colorido de las telas, así como la belleza y la dulzura de sus retratos, especialmente notable en los niños. La serie constituye, sin duda, una de las mejores creaciones del arte virreinal.

Nos muestran las diferentes variantes de generaciones de la Nueva España y proclama la grandeza mexicana en el sentido de su fecundidad, variedad y dinamismo. Una población única para los ojos occidentales gracias a la novedad de los objetos: animales, tejidos y frutos. Los comitentes de estas series, muchas veces españoles que regresaban de América a la península cargados con ajuares suntuosos, querían dar fe de su fortuna, con recuerdos repletos de exotismo y riqueza. Los cuadros de castas servirían para reivindicar que ellos también habían gozado de la maravilla del universo americano y habían asistido al fascinante espectáculo del mestizaje, una de las aportaciones culturales más representativas de la América virreinal.

Vista noreste sobre Ciudad de México. Pietro Gualdi, 1842.

o factorías como los de otras naciones, sino una parte esencial e integrante de la monarquía española...» marcando así la diferencia con lo expuesto hasta ahora.

Dalmacio Negro incide en esta particularidad del expansionismo español frente al de otras potencias europeas: «El estado francés no se expande territorialmente, no tiene provincias, tiene colonias, en cambio, en España fueron provincias». Según el académico, este fenómeno experimenta un cambio cuando los Borbones (dinastía de origen francés) llegan al trono de España e introducen en los virreinatos americanos una serie de reformas políticas que tienden a asimilarlos —aunque sin llegar a convertirlos— en colonias de tipo mercantilista, en consonancia con el pensamiento en auge del siglo XVIII y que daría lugar a imperios coloniales como el británico.

El imperio generador

Es ampliamente conocida la distinción que el filósofo Gustavo Bueno establecía entre los «imperios depredadores» y los «imperios generadores». Siguiendo con su definición, el británico habría sido un «imperio depredador», dado que rechazaba por completo el mestizaje y discriminaba a la población autóctona. Por el contrario, un «imperio generador» no se limita a la mera explotación económica de la colonia (aunque sea también uno de sus fines), sino que importa una cultura, crea instituciones, desarrolla una tecnología para la colonia y, lo más importante, no excluye de ese proceso a la población local. De hecho, esta se convierte en el principal objetivo de dicho desarrollo. Alejandro Magno y Roma son ejemplos clásicos de imperios generadores y también lo es el Imperio español, tal y como describe Borja Cardelús en su libro *La civilización hispánica*: «España traslada [a América] toda una estructura de Estado: llama "provincias" a sus posesiones y crea una compleja estructura administrativa de virreinatos, gobernaciones, capitanías, cabildos; construye ciudades y pueblos, caminos, monumentos, puentes; funda iglesias, hospitales, misiones; traslada colonos, frailes, soldados, funcionarios. Es el último imperio según el modelo clásico».

España explota económicamente los territorios de América, tal y como hace con todos los territorios que conforman la Corona, pero a cambio aporta instituciones, leyes e infraestructuras que en ningún caso están vedadas a la población nativa que se convierte, además, en beneficiaria principal. Así pues, al margen del interés económico, los españoles desean compartir y fomentar su cultura y por eso, tal y como indica Adelaida Sagarra, hay un «verdadero furor por fundar ciudades a lo largo de todo el continente», ya que esa es su manera de ordenar el mundo.

En las ciudades se construyen colegios y hospitales para beneficio de los vasallos de la Corona, sean o no indígenas. En Quito se funda en 1565 el Hospital de la Caridad, que funciona ininterrumpidamente hasta 1974. En 1524, Hernán Cortés en persona manda erigir en México el Hospital de Jesús «el más antiguo del continente americano y gratuito para toda la población» como cuenta Jiménez Codinach. Los españoles levantan los primeros centros de enseñanza humanista del continente, igualmente abiertos para toda la población sin restricciones a los aborígenes de ningún tipo. Uno de los más antiguos es el colegio de la Santa Cruz de Tlatelolco, fundado en 1536 —cien años antes que Harvard, la universidad más antigua de Estados Unidos— y, según el historiador de la Universidad de Alcalá Gonzalo Gómez «un centro de investigación para los indígenas en el que se escribe uno de los grandes tratados de medicina en náhuatl. Tanto España como América tenían la mejor medicina del mundo entonces».

El Hospital de Jesús
Antonio Cordero

Como mexicano no encuentro una institución con mayor significado histórico y emocional que el Hospital de Jesús. La primera construcción del edificio comenzó a funcionar en 1524, hace exactamente cinco siglos, en el mismo lugar del primer encuentro, el 8 de noviembre de 1519, de los representantes de aquellos mundos que recién se conocían: Moctezuma Xocoyotzin y Hernán Cortés. Pero la obra pía fue concebida por el conquistador de los mexicas desde la caída de la Gran Tenochtitlán para atender a los soldados heridos y mutilados sobrevivientes de aquella lucha violenta que derivó en el nacimiento de una nación.

De la importancia que el extremeño dio a la nueva organización, que representó el primer hospital de América, da cuenta el nombramiento del primer director y más ferviente impulsor de la obra: el gran fray Bartolomé de Olmedo, quien anteriormente se había ocupado de la dirección espiritual de toda la gesta de la conquista. El proyecto arquitectónico como muchos otros, se inspiró en un edificio de Sevilla que Pedro Vásquez tomó como modelo. Desconocemos si desde el principio se atendió tanto a españoles como a indígenas, pero sí hay certeza de que la ciencia utilizada fue mestiza desde la primera curación, y que se aplicó la herbolaria y otras técnicas del mundo prehispánico. Estas se exportaron inmediatamente a Europa y luego a Asia. La Corona mandó a América médicos

prominentes a pesar de las reticencias de Cortés, quien aseguraba que «los sabios de esta tierra curan mejor con las plantas de su suelo».

El Hospital de Jesús fue una institución que nació laica, pero, muy al estilo español, se construyeron una iglesia anexa y espacios para la enseñanza. Desde su llegada a Nueva España en 1572, la influencia de los jesuitas en el Hospital de la Purísima Concepción y Jesús Nazareno (su nombre completo) fue determinante del pensamiento y de la acción de dirigentes y enfermos. Se mantuvo a menudo en la vanguardia de la medicina: en 1646 se llevó a cabo la primera autopsia del continente, aunque también se acudió a los espíritus celestes que realizaron milagros, con los que nacieron leyendas deliciosas.

La obra se mantuvo por mucho tiempo con patrimonio del marquesado, pues así lo dispuso el propio Cortés en su testamento. El hospital funciona aún en la actualidad.

En la capilla del Hospital de Jesús los restos del fundador de México moran. O, mejor dicho, esperan a que el pueblo que él unificó entienda su propio ser para después honrarlo como es debido. En una pequeña urna de una descuidada iglesia de ese antiguo hospital, los mexicanos tenemos recluido a nuestro principal benefactor.

Así están los restos de Cortés, así estamos los mexicanos aún, encerrados en una urna, sin saber claramente qué somos, descuidados por nosotros mismos y en proceso de curación. Afuera está la síntesis de nuestras raíces grandiosas para, después de siglos de proceso de asimilación, reconocernos sanos en el mismo lugar donde todo comenzó.

ſolucion
ev.
Dom.
Franciſco.
Auguſtin.
armen.
erced.
Juan de Dios
thlen.
. Phelipe Neri
n Pablo
Sta Catharina
Concepcion.
Soledad.
Capuchinas
Princip^s.
Colegio de Virge
Compañia
Carmen. de Abaxo
1 Sangre de Christo
2 Hoſpital.
3 TRINIDAD
4 Defenſa
5 Patrocinio
6 Juchimilco
7 Palacio
8 Colegio ſem.^o
9 Plaza Real
10 Colegio de Infant
11 Caſas Real^s
12 Alondiga
13 Aduana.
14 Real Fa del Tabaco.
15 Carniceria
16 Raſtro.
17 Plaza de S. Juan de Dios
18 Plazuela de Cathedral
19 Plazuela de la Sangre
20 Puente de Atollaque
23 Marquesado
24 Jalatlaco
25 Caxa de Agua.
26 Caxa de Agu
27 Targea
28 Fuente.
29 Perpetua.
30 San Bernardo.
31 Norria.
32 Labor de Contreras
33 La de Segura
34 La de San Phelipe
35 La de Ximeno.
36 La de Perzabal
37 Garita de S Antonio
38 Garita de la Trini^d
39 la Alameda.
40 Labor de Caneros.
Casas Real^s

35
38
34
28
37
33
31
L
F
4
14
E
A
B
19
17
Y
U
2
20
40

La protección de la Corona hacia los nativos

Estos ejemplos no son más que una ínfima parte de la labor realizada por los españoles en América y una muestra de por qué muchos expertos no han dudado en considerarnos un «imperio integrador». La comparación del trato que se dio a la población nativa haría palidecer a otras naciones europeas, tal y como explica el historiador estadounidense Thomas E. Chávez: «En Nuevo México hay veintidós tribus de nativos americanos que viven en la misma tierra en la que vivían cuando los europeos llegaron aquí por primera vez [es decir, los españoles]. Eso es más que las que quedan en todo el territorio este de Estados Unidos [donde la colonización la llevaron a cabo los ingleses]. Entonces ¿quién mató a los indios y quién se los llevó de sus tierras? Los ingleses, no los españoles. Donde hubo dominio de los españoles, los indios todavía siguen allí».

En la América hispana no se pretendió marginar al nativo ni desplazarlo de la sociedad. Por descontado, existieron abusos y casos bien documentados de explotación indígena. Las encomiendas fueron a menudo un escenario en el que los terratenientes se sirvieron de mano de obra india en un régimen que apenas podría distinguirse del de esclavitud. Pero es importante señalar que este maltrato era llevado a cabo por encomenderos sin escrúpulos a la hora de utilizar trabajadores baratos y fácilmente explotables. En ningún caso obedeció a un plan genocida ni se pretendió el exterminio de la población indígena, ya que, en último término, esto habría ido en contra del interés de los explotadores por contar con obreros de bajo coste que trabajaran para ellos.

El proyecto español en Hispanoamérica llegó de la mano de la reina Isabel la Católica, cuyo espíritu humanitario y su firme apuesta por la evangelización quedó patente en su testamento: «También mando que en cuanto que el Papa nos concedió las islas y tierra firme del mar océano descubiertas y por descubrir [América y las islas cercanas], y como fue mi intención procurar, inducir y atraer a los pueblos que las pueblan a la fe católica, y enviar a las islas y tierra firme prelados y religiosos y clérigos y otras personas doctas... para instruir a los moradores de aquellas tierras en la fe católica, y enseñarles buenas costumbres. Además, suplico al rey mi señor muy afectuosamente, y encargo y mando a la princesa, mi hija, y al príncipe, su marido, que así lo hagan y cumplan, y que esto sea su principal fin y en ello ponga mucha diligencia, y que no consientan ni den lugar a que los indios, vecinos y moradores de las Indias y tierra firme, ganadas y por ganar, reciban agravio alguno en sus personas ni bienes, antes al contrario que sean bien y justamente tratados».

Isabel de Castilla y sus sucesores en el trono atendieron las denuncias que les llegaron sobre los malos tratos infligidos por los encomenderos y mostraron su preocupación por ellas. Entretanto, los intelectuales de la Universidad de Salamanca dictaminaron que los indios tenían

Fray Jodoco Rique bautiza a los indígenas. Antonio Astudillo, siglo XVIII, Iglesia de San Francisco de Quito (Ecuador).

Las edades del hombre. En los medallones se representan el Matrimonio, Bautizo, Comunión y Extremaunción, en recordatorio de las escenas del buen cristiano. Anónimo, siglo XVIII,

derecho a ser respetados y tratados de forma digna. En 1542, el emperador Carlos V emitió las «Leyes y ordenanzas nuevamente hechas por Su Majestad para la gobernación de las Indias y buen tratamiento y conservación de los Indios», más conocidas como Leyes Nuevas, las cuales pretendían poner coto a

Museo Nacional del Virreinato, Tepotzotlán, Ciudad de México (México).

los abusos. Una iniciativa inédita en la medida en que, como indica la doctora en Derecho Consuelo Martínez-Sicluna, «ninguna monarquía hizo una revisión de su actuación [colonizadora] como sí lo hizo la monarquía hispánica, y mostrando además una preocupación esencial sobre los actos que se estaban llevando a cabo».

La Iglesia de la Compañía de Jesús de Quito
Jorge Moreno Egas

Los jesuitas que llegaron a la Audiencia de Quito en 1586 a educar y evangelizar, levantaron en dicha capital una iglesia de gran valor artístico.

La arquitectura jesuita de la Contrarreforma se basaba en el diseño de iglesias con planta de cruz latina, buena arquitectura, con bóveda, cúpula en el crucero y elegante decoración. Dentro de ese modelo se edificó la iglesia de Quito entre 1605 y 1765, bajo la dirección de miembros de la orden, con mano de obra local y aprovechando los materiales del lugar. La fachada pétrea es un gran retablo de dos cuerpos y tres calles. Columnas salomónicas enmarcan a la puerta principal en cuya parte superior un nicho muestra una escultura de la Inmaculada Concepción. Los bustos de san Pedro y san Pablo y las imágenes de los santos principales de la Compañía de Jesús complementan la decoración que lleva a una narrativa eucarística e inmaculista propias del pensamiento tridentino y jesuita. La puerta central conduce a la nave principal cubierta por bóveda de cañón, una cúpula de media naranja decorada con pinturas remata el crucero.

La superficie de las columnas de los arcos fajones y de la bóveda lleva una abigarrada decoración en yeso cubierta con pan de oro; en ella destacan las decoraciones geométricas de influencia

mudéjar. El mensaje narrado en la nave central está inspirado en el Antiguo Testamento. En las columnas se halla dispuesta la serie completa de los profetas, trabajada sobre lienzo por el pintor quiteño Nicolás Xavier Goribar. A cada lado y sobre los arcos, en relieves de madera, lucen la historia de Sansón y la de José. El discurso cambia en el crucero, en cuya cúpula, en relieves de madera policromada, aparecen los cuatro evangelistas, y en las paredes laterales del presbiterio, un apostolado. Los retablos del crucero, de admirable talla, están dedicados a san Ignacio y a san Francisco Javier. El retablo mayor de madera sobredorada data del siglo XVIII. Tiene dos cuerpos y tres calles. Una corona sostenida por ángeles remata el altar. Un conjunto escultórico de la Trinidad ocupa el nicho principal, bajo el cual un tabernáculo convexo con puertas corredizas recorre la parte central del primer cuerpo. Las esculturas de los santos fundadores de las principales órdenes mendicantes llenan los nichos de las calles laterales. El retablo se extiende mediante paneles tallados y dorados por las paredes del presbiterio. Las naves laterales las flanquean seis capillas, conectadas entre sí bajo cupulines, todas muestran retablos en madera tallada y dorada de alta calidad.

Por el equilibrio arquitectónico, la calidad de las tallas y la unidad en la decoración, esta iglesia se considera la mayor expresión del Barroco local.

RECOPILACION
DE LEYES
DE LOS REYNOS DE LAS INDIAS,
MANDADAS IMPRIMIR Y PUBLICAR
POR LA MAGESTAD CATÓLICA
DEL REY DON CÁRLOS II.
NUESTRO SEÑOR,

Las Leyes Nuevas

Las Leyes Nuevas disponían, entre otras cosas, que debía asegurarse la conservación y el buen trato de los indios, prohibían que se los obligara a hacer trabajos inhumanos y sin retribución, esclavizarlos bajo cualquier circunstancia, y exigían la liberación inmediata de aquellos que lo estuvieran. Señalaban que todos los indios de América eran siervos de la Corona y, por lo tanto, no podían considerarse como propiedad de ningún particular. Así lo expresaba sin ambigüedad uno de sus artículos: «Porque una de las cosas más prinçipales que en las Abdiençias han de servirnos es en tener muy espeçial cuidado del buen tratamiento de los indios y conservaçión dellos, mandamos que se informen siempre de los exçesos y malos tratamientos que les son o fueren fechos por los governadores o personas particulares».

Cabe preguntarse si estas leyes fueron eficaces o si fueron recibidas en América con la cínica y conocida expresión «se aplica, pero no se cumple». Es evidente que la ley no erradicó los abusos en la medida en que ninguna ley es capaz de eliminar por completo el delito que persigue. Si acabar con el crimen fuera tan sencillo como publicar una ley que lo prohíba, nuestra sociedad actual debería ser una suerte de paraíso donde no se comenten los delitos dado que hoy en día existe abundante legislación que condena al criminal. No es así, por desgracia. Tampoco lo era en la América del siglo XVI a pesar de las buenas intenciones de los legisladores.

No obstante, las Leyes Nuevas sí que sirvieron para poner coto a tales abusos, los cuales se redujeron sensiblemente. Como indica Carlos Leáñez: «A través de las Leyes de Indias y otra serie de dispositivos, en donde se toma nota de que están ocurriendo una serie de actos que no se deben permitir, las atrocidades y abusos se van corrigiendo». Según Leáñez, la eficacia de las leyes de la Corona se demuestra en el hecho de que, a raíz de su aplicación, se observa en el continente «una expansión económica y demográfica, con todos los indicadores en luz verde».

La Corona era consciente de que la lejanía del Nuevo Mundo con respecto a Castilla resultaba directamente proporcional a la dificultad para aplicar las leyes emitidas, y por eso se crearon organismos que sirvieran para que la legislación no fuese ignorada y quienes la infringiesen recibieran el castigo adecuado. «Había dos instrumentos fundamentales en la administración imperial para controlar y para fiscalizar —señala Aurelio Valarezo—: el primero eran las "visitas", que funcionaban como una inspección general; y el segundo eran los juicios de residencia».

El juicio de residencia

Los juicios de residencia fueron una aportación bastante novedosa por parte del gobierno de la monarquía en las Indias. Se aplicaban a todos los funcionarios que hubieran llevado a cabo su labor en América una vez que esta llegaba a su fin, y nadie, ni siquiera el virrey, estaba exento de someterse al juicio de residencia una vez que regresaba a España (aunque el proceso también podía celebrarse en América). Durante el proceso, toda su labor en las Indias se ponía en cuestión y se valoraba si había sido honesta y acorde a las leyes de la Corona. «Uno de los rasgos importantes de los juicios de residencia, obviamente, era el cumplimiento de la legislación indigenista, el buen tratamiento de los indígenas —señala Adelaida Sagarra—, cualquier mandatario a partir de un nivel de decisión relativamente medio alto en América, cuando terminaba su mandato, tenía que someterse a un juicio».

«Hay virreyes a los cuales se les hace un juicio —asegura Consuelo Martínez-Sicluna— y vienen a España para dar cuentas de qué es lo que han hecho. Eso no se produce por parte de ningún otro imperio conocido».

El juicio de residencia tenía ciertas similitudes con un proceso inquisitorial. El funcionario sometido a él debía responder por una serie de denuncias que se hacían en su contra y, como explica Aurelio Valarezo, «cualquier persona, anónimamente, podía denunciar los excesos que había cometido este durante su mandato».

Edmundo Lozano Serna, historiador mexicano, cuenta que la aplicación del juicio de residencia «dio lugar a un verdadero freno a la proclividad de obrar con abusos y corrupción por parte de los funcionarios públicos novohispanos, provocando que estos se condujesen con la mayor celeridad, probidad y eficiencia en el ejercicio de sus funciones, al saber que al final de su encargo habrían de ser estrictamente investigados y juzgados por su desempeño».

El proceso era muy complejo y se prolongaba a lo largo de diez etapas. En la

Cortés y el liderazgo
Carlos Cremades Carceller

Son muchas las cualidades del liderazgo de Cortés en las que podríamos detenernos, pero yo lo haré en dos. La primera de ellas es la capacidad de cohesionar a sus hombres y dirigirlos hacia el éxito. Cortés arenga a su tropa: «No os parezca temeridad esta confianza mía, pues se funda en que os tengo a mi lado, y dejo de fiar de mí lo que espero de vosotros». Son las palabras de un verdadero líder, pero lo esencial es entender si aquellos hombres que le servían las hicieron suyas.

A mediados de 1521 se libraban terribles combates en Tenochtitlán. Cortés, herido en una pierna y prendido por siete capitanes aztecas, es arrastrado hacia el altar para matarlo extrayéndole el corazón. Cuando su fin parecía inevitable, un grupo de sus seguidores formado por Cristóbal de Olea, Lerma, un indio llamado Bautista, y Cristóbal de Guzmán, que traía un caballo, intentaron liberarle. Lerma acabó con una lanzada en la garganta, Cristóbal de Guzmán y el caballo cayeron muertos, Olea murió por rescatarle, pero gracias al empeño de todos ellos Cortés salva su vida... Era la segunda vez que Olea libraba a Cortés de una muerte segura. En aquella ocasión, durante la toma de Xochimilco, el joven de veintiséis años recibió tres cuchilladas considerables, «cuyas cicatrices —en palabras de Bernal Díaz del Castillo— condecoraron después la memoria de su hazaña». Lo sucedido evidenciaba lo que decía el propio Bernal: «Todos pusiéramos la vida por él». Frase que constituye el *desideratum* que todo líder desearía escuchar de su gente y que confirma que sus hombres fueron capaces de darlo todo por él, incluida su vida.

La segunda cualidad que quiero destacar en Cortés es el temple, la entereza del líder en las situaciones límite, en los momentos de presión, cuando se está al borde del abismo, en desventaja y a punto de perderlo todo. Frente a esa fina línea que separa el éxito del fracaso, el comportamiento de Cortés impresiona. A los seis días de la debacle de La Noche Triste se encuentra agotado, sin armas por tener la pólvora mojada, con tan solo doscientos españoles exhaustos, hambrientos, muchos de ellos

heridos, y apenas unos dos mil tlaxcaltecas todavía en condiciones de combatir. De sus veinte caballos, ¿cuántos estarán todavía en condiciones de galopar?

Intenta llegar a Tlaxcala para refugiarse, pero los aztecas le cortan el paso y le rodean en el valle de Otumba. Van vestidos de blanco y son tantos —más de cien mil— que Salazar dirá que «parecía haber nevado por toda aquella tierra». Cortés contempla la situación con una brecha abierta sangrando en la sien y la mano izquierda herida. Interiorizando esta situación uno recuerda la frase de Emil Ludwig que decía: «Cuando el destino de los héroes se complica, la belleza de sus vidas se duplica».

Probablemente solo hay una persona que crea que la victoria es aún posible. Esa persona es Cortés, y por eso se dirige a sus tropas con energía convenciéndoles de que pueden vencer, pidiéndoles que vendan caras sus vidas. Salvador de Madariaga nos lo narra de esta manera: «Aquella sombra de ejército, aquel pelotón de sombras y de heridos, tuvo que hacer frente a una multitud de guerreros armados hasta los dientes, frescos y animosos. Pero aquella sombra de ejército escuchó a Cortés, y escuchó su invocación a la Virgen y a su patrono Santiago, y aquel ejército de sombras ganó la batalla de Otumba».

primera de ellas, la citación, el rey dictaba una real cédula en la que se indicaba el nombre del funcionario a residenciar y la persona que actuaría de juez. La emisión de esta cédula era confidencial y solo se publicaba en el momento en que llegaba a la Real Audiencia del lugar donde se iba a realizar el juicio. Con este secreto se pretendía evitar que el encausado pudiera tomar providencias preventivas en su beneficio antes del comienzo de la investigación. A continuación, el juez aceptaba el nombramiento regio, notificaba al residenciado y se publicaba el inicio del proceso a través de edictos que se colgaban en los muros de los edificios de gobierno y se anunciaban por las poblaciones mediante pregoneros. Este anuncio marcaba el comienzo de un plazo de 60 días durante los cuales cualquiera podía presentar una denuncia o queja contra el funcionario residenciado. La denuncia podía ser anónima.

Entretanto, como describe Lozano Serra, comenzaba el interrogatorio durante el cual el funcionario sometido a juicio era inquirido sobre el «buen tratamiento a los indígenas, del exacto manejo de la real hacienda, la actuación puntual y expedita en las funciones que desempeñaba, que fuera cristiano y tuviera un respetable comportamiento fuera de los horarios de atención al gobernado», entre otras cuestiones.

Terminada la fase del interrogatorio, empezaba el desfile de declaraciones de testigos y, en caso de que los hubiere, denunciantes. En un proceso normal podían llegar a declarar entre veinticinco y treinta ciudadanos que «respondían a todas las capas que conformaban la trama social, por lo que sin duda era un ejercicio interesantísimo y plural en el que los gobernados se sentían representados, incluidos y capaces de hacer señalamientos negativos. No podemos soslayar el hecho de que al momento de desahogarse esta probanza el residenciado no podía estar presente a fin de que hubiera plena libertad de expresión», prosigue Lozano Serna.

Tras los testimonios, el residenciado podía hacer un alegato si lo deseaba. Era habitual que incluyera a su expediente procesal un pliego con sus méritos y servicios hechos a favor de la Corona. Después se certificaba con toda solemnidad el fin del proceso que, como se ha indicado, no se demoraba más allá de sesenta días y se procedía a la citación, dictado y notificación de la sentencia. Estas podían ser muy duras en caso de que el residenciado fuera encontrado responsable de alguna falla. Según señala Aurelio Valarezo: «En ocasiones se le prohibía al funcionario ejercer cargo público alguno por el resto de su vida». También podía ocurrir que al residenciado se le confiscaran sus bienes para compensar a la Corona por sus faltas.

En la última parte del proceso se tasaban las costas judiciales. En caso de que el residenciado hubiera obtenido una sentencia desfavorable, tenía derecho a recurrirla ante el Consejo de Indias.

Edmundo Lozano Serna hace una valoración positiva de los juicios de residencia. Tras haber estudiado en profundidad

Baltasar de Zúñiga y Guzmán, Duque de Arión, Virrey de Nueva España de 1716 a 1722, presidente del Consejo de Indias. Anónimo, siglo XVIII, Salón de Cabildos, Antiguo Palacio del Ayuntamiento de Ciudad de México (México).

varios procesos llevados a cabo en Nueva Granada a lo largo del siglo XVIII, «encontramos solo dos casos en los que se interpusieron denuncias en contra de los funcionarios, situación que [...] nos obliga a concluir que existen evidencias de la conformidad popular con el desempeño de sus autoridades [...]. Más sorprendente resulta el hecho de que en los más de veinte expedientes estudiados, en ninguno de ellos existe una sentencia condenatoria, por lo que podemos advertir que la actuación de sus autoridades durante el siglo XVIII respondió ampliamente a las expectativas de los gobernados», motivo por el que el autor declara que «no podemos comprender cómo una figura jurídica tan positiva fue condenada al exterminio» una vez que México se convirtió en república independiente.

Hispanoamérica: el mundo de lo posible

El correcto funcionamiento de los juicios de residencia nos habla de una Hispanoamérica en la que, en líneas generales, la ley funcionaba de manera aceptablemente eficaz, transmitía una sensación de orden social y favorecía la prosperidad y la integración de los indígenas y mestizos, quienes se sentían implicados en el buen desarrollo de su comunidad. De este modo, puede darse el panorama que refleja Úrsula Camba con sus palabras: «La América hispánica es el mundo de lo posible. Te encuentras un mulato, por ejemplo, que entra a la universidad; los testamentos nos hablan de indias, hijas de caciques, que tenían huertos, ganado bibliotecas... Mujeres mulatas que son dueñas de esclavos... La raza, como la entendemos ahora, es un invento del siglo XIX que no tiene nada que ver con la dinámica virreinal en América».

La historiadora quiteña Ximena Carcelén menciona un ejemplo concreto con sus nombres y apellidos, uno de muchos. «Cantuña fue un indígena, herrero de profesión. Él llegó a ser un hombre con muchos recursos. Tenía siete casas en Quito». Francisco Cantuña recibió el encargo de los padres franciscanos de construir una capilla dedicada a la Virgen de los Dolores en la iglesia de San Francisco de Quito. La capilla estaba dedicada a una cofradía integrada por indígenas que funcionó desde el mismo siglo XVI. Recibió mucho dinero por su encargo, el cual llevó a cabo con tanta rapidez que con el tiempo circuló la leyenda de que el diablo le había ayudado. «Ofreció venderle su alma al diablo si completaba la obra en el tiempo estipulado —cuenta la historiadora ecuatoriana Mamela Fiallo—, entonces el diablo aceptó el trato, mandó diablitos e hicieron la capilla. Pero dejaron una piedra sin colocar en el techo. Entonces Cantuña ya no tuvo que entregar su alma». Con agujero o sin él, la capilla es uno de los más espléndidos ejemplos del Barroco quiteño, y el herrero que la construyó un ejemplo del mundo de oportunidades que creó la llegada de los españoles a América. Como apostilla Aurelio Valarezo: «En el siglo XVI existen indios con poder y europeos paupérrimos. Pobres de solemnidad, como se decía, e indios tan ricos como Cantuña».

Detalle del *Libellus de medicinalibus indorum herbis* (Libro sobre las hierbas medicinales de los pueblos indígenas), también conocido como Códice De la Cruz-Badiano, primer tratado que describe las propiedades curativas de las plantas americanas empleadas por los mexicas, 1553.

III
El alma femenina de Hispanoamérica

PÁGINA ANTERIOR

Corona de Isabel I de Castilla, siglo xv, expuesta en la Sacristía-Museo de la Capilla Real de Granada.

«El mejor rey de España fue una reina y fue una mujer: fue Isabel la Católica»

Consuelo Martínez-Sicluna

El nacimiento de la América mestiza tiene un marcado perfil femenino, ya que son tres mujeres quienes mejor encarnan el ideal de ese mestizaje: Isabel la Católica, Malinche y la Virgen de Guadalupe. Cada una de ellas a su manera, simbolizan el encuentro entre esos dos mundos dispares y complementarios, separados por un inmenso océano.

Como defiende Carlos Leáñez, profesor de la Universidad Simón Bolívar, la esencia más pura de Hispanoamérica hunde sus raíces en estas tres mujeres: «Hispanoamérica nace bajo tres arquetipos femeninos que son la reina Isabel, que da la igualdad, la dignidad. Con la Malinche tenemos el puente, el puente que posibilita el encuentro en los términos menos traumáticos posibles. Y otra figura, otro arquetipo extraordinario es el vínculo que proporciona la Virgen de Guadalupe como figura femenina protectora».

Estos tres personajes configuran lo más fructífero de la unión entre España y América, una unión cristalizada en el mestizaje que acarreará consecuencias enormemente positivas desde un punto de vista social y cultural. Dignidad, protección y puente son los tres conceptos sobre los que se asienta su legado y lo que, según Marcelo Gullo, hacen que «España se comporte en América de forma distinta que lo que se comportaron las otras potencias».

Isabel I, reina de las Américas

Para la historiadora y académica Consuelo Martínez-Sicluna la conquista española de América es diferente porque «ninguna monarquía hizo una revisión de su actuación, como sí lo hizo la monarquía hispánica y con una preocupación esencial sobre qué era lo que se llevaba a cabo». La intención de la Corona no era tanto sojuzgar (misión para la que Castilla difícilmente habría tenido medios humanos suficientes) como asegurar su presencia en el continente mediante el pactismo y el mestizaje. Tal y como expresa Carlos Leáñez, mientras que la práctica habitual en aquellos tiempos era considerar al enemigo pagano como «un salvaje [que] merece ser esclavizado. Y yo puedo hacer con sus tierras lo que me dé la gana», en el caso de Hispanoamérica, como apunta Adelaida Sagarra, existe «la idea clara de la defensa de los súbditos de la Corona. Hubieran nacido donde hubieran nacido y tuvieran el color de piel que tuvieran».

La mayoría de las voces expertas coinciden en señalar a la reina Isabel I de Castilla como la máxima responsable de este ambicioso programa basado en la protección del indígena. Adelaida Sagarra es una de ellas y considera que es precisamente Isabel I quien marca «una línea de actuación de lo que tiene que ser la monarquía hispánica en América [...]. Fue una mujer muy visionaria, abre la posibilidad de un mundo nuevo». La misma idea es compartida por Carlos Leáñez: «Desde el primer momento, sabe percibir la dignidad del indígena. Entiende que el otro no es indigno, es igual [...]. Era una cristiana ferviente».

Su actitud es extraordinaria y poco común en la época. Las primeras fuentes que se conservan del contacto con los indígenas, como los textos del diario de Cristóbal Colón, describían a los habitantes originarios de la Hispaniola como seres muy primitivos: «Ellos no tienen armas, y son todos desnudos y de ningún ingenio de las armas, y muy cobardes, que mil no guardarán a tres; y así son buenos para les mandar y les hacer trabajar, sembrar y hacer todo lo otro que fuere menester». Esta visión, que hoy suena poco apropiada e incluso escandalosa, era compartida por muchos de sus contemporáneos. El indígena resulta tan diferente e incomprensible a los ojos occidentales —su aspecto, su idioma, sus creencias—, que a menudo se cuestiona su propia humanidad.

Y, sin embargo, la reina Isabel no cae en ese error y su profundo sentido religioso la empuja a reflexionar sobre la condición del indígena, sobre su naturaleza. Consulta a los sabios de su época y, como explica Sagarra, traslada estas inquietudes a «la Universidad de Salamanca hasta que tiene clara noción de que, aunque sean muy diferentes y de costumbres distintas, son personas. [Isabel alberga] la esperanza de poder enmendar tantas injusticias, tantas diferencias sociales que [afectan] a esos nuevos súbditos hasta donde ella pueda, que se les garanticen una serie de condiciones».

Para el historiador Alejandro Rodríguez de la Peña, la línea de actuación de

Isabel I de Castilla orante, 1519-21. Felipe Bigarny, Capilla Real de Granada.

La toma de Granada. Carlos Luis de Ribera y Fieve, 1890, Catedral de Burgos.

Isabel en América se justifica, en cierto modo, como una prolongación del proceso de reconquista culminado con éxito en Granada: «Reconquista y conquista de América están muy vinculadas porque de algún modo hay una línea de continuidad, una especie de enlace entre la dinámica reconquistadora, que es una dinámica que no reconoce límites, que no reconoce fronteras, en sentido de que son ochocientos años de continuo avance, de continua expansión».

La Reconquista española culminó con la toma de Granada en 1492, y, casi de inmediato, la Corona de Castilla se embarca en otro titánico proceso de dominio y evangelización a lo largo de todo un continente recién descubierto.

Vecinos y moradores

El proyecto de Isabel en las Indias está basado en su profunda devoción cristiana y tiene un precedente en las palabras de intelectuales del medievo como santo Tomás de Aquino o el papa Inocencio IV, que aseguraban que todos los seres humanos, sin excepción, habían sido redimidos por Jesucristo. Eso incluía a los indígenas quienes, como hijos de Dios y, por lo tanto, potenciales receptores de la salvación, gozaban de tres derechos inalienables: vida, libertad y propiedad.

En 1344 el papa Clemente VI había emitido mediante bula el principio básico de que la Iglesia podía declarar legítima

El testamento de Isabel la Católica
Adelaida Sagarra

La reina llegó a Medina del Campo en noviembre de 1503. Allí pasó sus últimos meses de vida e hizo testamento. Este documento de Estado, no solo personal, fue el resultado de largos trabajos. Las ideas fundamentales no fueron solo de doña Isabel, sino también de don Fernando, su esposo. Juan de Fonseca, que lo firmó como testigo, intervino en las sugerencias americanas. En la manda 11 del codicilo, firmado el 23 de noviembre de 1504, tres días antes de su muerte, doña Isabel lega una línea de gobierno a su hija Juana: el buen tratamiento y la evangelización de los naturales de las nuevas tierras incorporadas a Castilla: «Por cuanto al tiempo que nos fueron concedidas por la Santa Sede Apostólica las Islas y Tierra Firme del Mar Océano, descubiertas y por descubrir, nuestra principal intención fue al tiempo que lo suplicamos al Papa Alejandro Sexto, de buena memoria, que nos hizo la dicha concesión de procurar inducir y traer los pueblos de ellas y convertirlos a nuestra santa fe católica, y enviar a las dichas Islas y Tierra Firme, prelados y religiosos y otras personas doctas y temerosas de Dios, para instruir [a] los vecinos y moradores de ellas en la fe católica, y enseñarlos y

doctrinarlos [en] las buenas costumbres, y poner en ello la diligencia debida [?], según más largamente en las letras de la dicha concesión se contiene; por ende suplico al Rey mi señor muy afectuosamente, y encargo y mando a la dicha Princesa mi hija y al dicho Príncipe su marido, que así lo hagan y cumplan y que este sea su principal fin, y en ello pongan mucha diligencia, y no consientan ni den lugar que los Indios vecinos y moradores de las dichas Indias y Tierra Firme, ganadas y por ganar, reciban agravio alguno en sus personas ni bienes, mas manden que sean bien y justamente tratados, y si algún agravio han recibido lo remedien y provean por manera que no se exceda en cosa alguna lo que por las letras apostólicas de la dicha concesión nos es infungido y mandado».

El isabelismo superó la teoría aristotélica de la esclavitud natural y se anticipó a la percepción del padre Vitoria: las diferencias entre indígenas y castellanos son culturales, no ontológicas. La misma dignidad exige la misma condición de personas libres, súbditos con igualdad de derechos y deberes. Esta manda explica una tarea magnánima, con luces y sombras, que llegó a ser universal. Esta noble ambición de una reina magnífica inspiró lo que hoy es Hispanoamérica.

la conquista de un territorio siempre que el propósito principal fuese la expansión del mensaje de Dios y la fe. Isabel se propone cumplir escrupulosamente esa misión en América y de inmediato impulsa la evangelización y el bautismo de los indios. Ese bautismo, sin embargo, para ser válido —y en esto estaban de acuerdo todos los teólogos de la época— debía ser voluntario.

Muchas de las políticas que garantizaban la integridad de los nativos de América por parte de la Corona de Castilla ya habían sido ensayadas por Isabel en las Islas Canarias en décadas anteriores. En 1477 se prohibió por ley la esclavización de los guanches y se establecieron castigos para quienes secuestraran a los isleños con la idea de usarlos como mercancía comercial. A lo largo de los años siguientes, los franciscanos de La Rábida solían acudir a la reina para denunciar el trato a los nativos canarios, y esta siempre atendía sus sugerencias y las formalizaba mediante leyes y edictos. El binomio compuesto por la Corona y la orden franciscana para perseguir y castigar los abusos contra los nativos funcionó de manera idéntica en América. Algo impensable de no haber sido la voluntad de la reina quien lo alentara, tal y como acredita su testamento ya citado en páginas anteriores. Los indígenas americanos fueron considerados «vecinos y moradores» en igualdad de condiciones con cualquier otro habitante de las villas y ciudades que se encontraban bajo su protección.

Fue Isabel de Castilla quien, como reina, lo hizo posible.

Nuestra Señora de Guadalupe: «Ni de ellos ni de nosotros»

Un segundo motor del desarrollo y de la presencia española en el Nuevo Mundo fue la evangelización. Como acabamos de ver, Isabel I de Castilla lo convirtió en uno de los objetivos principales de la Corona en las tierras recién descubiertas. El historiador madrileño Alejandro Rodríguez de la Peña indica que solo después de la conquista de América «la cristiandad católica se hace universal y por tanto la civilización occidental. [...] Antes no lo era, era Europa. Se creía universal, pero era europea».

La labor evangelizadora en América fue ingente y, de hecho, muchos expertos creen que fue lo que le otorgó al cristianismo una verdadera dimensión universal, pues antes de que los europeos cruzaran el Atlántico, la religión cristiana se había visto reducida a lo largo de los siglos anteriores a poco más allá de las fronteras de Europa, siendo geográficamente mayoritario fuera de ese ámbito el dominio del Islam y de otras religiones orientales. En África el cristianismo prácticamente había desaparecido salvo por reductos como el imperio etíope y en Asia y próximo oriente era una religión en franca minoría.

La conquista española de América ganó para el catolicismo un territorio de millones de kilómetros cuadrados y, con el tiempo, un número parejo de almas, sentando así firmemente las bases para que, aún en el presente, el cristianismo sea la religión mayoritaria del mundo, cosa que habría sido difícil de asegurar en el año en que Colón avistó las cosas de la Hispaniola. Juan Pablo II lo destacó en su visita pastoral a España en 1982: «Gracias sobre todo a esa sin par actividad evangelizadora, la porción más numerosa de la Iglesia de Cristo habla hoy y reza a Dios en español».

La Virgen de Guadalupe es seguramente el símbolo más reconocible de la evangelización de América. Dicha advocación tiene un origen extremeño, pero en América acaba adquiriendo rasgos propios. Según cuenta la *Legenda Aurea* de su devoción, en 1531 un indio mexicano recién bautizado llamado Juan Diego Cuauhtlatoatzin se dirigía a oír misa en la iglesia de Santiago atravesando el cerro de Tepeyac cuando se le apareció la Virgen María. Juan Diego recibió el mandato divino de pedirle al obispo Juan de Zumárraga que construyera una iglesia en el lugar de las apariciones.

Como quiera que el obispo era reticente a creer estas visiones, la Virgen le pidió a Juan Diego que cortara unas rosas que había hecho brotar en el cerro y se las llevara a Zumárraga. Cuando el indio se presentó frente al obispo, desplegó ante él la tilma (un manto exterior que solían llevar los indígenas) en que portaba las rosas y, al hacerlo, se descubrió que la imagen de la Virgen había quedado milagrosamente impresa en la tela. En ese momento Zumárraga se postró de rodillas ante el santo lienzo y creyó en las visiones de Juan Diego. Había nacido el culto de Guadalupe.

Este culto tuvo un origen eminentemente mestizo. Juan era un chichimeca que comenzó a reverenciar una advocación europea. Su historia fue escrita por primera vez en 1556 por Antonio Valeriano, un noble de origen nahua que ejercía como rector en el Colegio de Santa Cruz de Tlatelolco, y no fue escrita en español, sino en una lengua indígena, como destaca la historiadora mexicana Elisa Queijeiro: «La única fuente que tenemos de la Virgen de Guadalupe es una fuente náhuatl».

La imagen milagrosa de la tilma de Juan Diego era similar a una que portaba Hernán Cortés en una de sus guías y que representaba a la Virgen de Guadalupe, por eso adoptó su nombre. Sin embargo, ese sería el único punto en común con la advocación extremeña. La Virgen de Guadalupe mexicana pronto halló una entidad propia, convirtiéndose en una imagen que los mestizos de América adoptaron como propia. «Para el indígena es perfecta —asegura monseñor Eduardo Chávez, canónigo de la Basílica de Guadalupe—. Y me gusta mucho cómo dicen los indígenas cuando se refieren a su rostro, al color de su rostro: mestizo [...]. No es ni de ellos [hablando de los europeos] ni de nosotros [hablando de los indígenas], sino de ambos».

Los primeros evangelizadores de México lo entendieron del mismo modo y la compararon con la diosa madre azteca Tonatzin. Esta asociación (que fue criticada por fray Bernardino de Sahagún, a quien le parecía una falta de decoro) resultó muy eficaz para conseguir que los nativos

María de Guadalupe, dulce madre nuestra
Guadalupe Jiménez Codinach

«No hizo igual con ninguna otra nación» (Salmo 147,20)

La devoción a la Virgen de Guadalupe, patrona de México desde el siglo XVIII y declarada emperatriz de América por el papa Pío XII en 1945, reúne anualmente, solo entre el 9 y el 12 de diciembre de cada año, a más de diez millones de personas en la basílica de Guadalupe de la Ciudad de México. Sus altares se multiplican en toda Hispanoamérica, Estados Unidos, Canadá, Filipinas, Japón, China, India, Europa, África y Oceanía.

¿Y cómo explicar la devoción a esta humilde imagen mariana que comparten católicos, ateos, agnósticos y creyentes de otras religiones? Quizá porque, entre otras cuestiones, Nuestra Señora de Guadalupe, más allá de una tradición religiosa o eclesiástica, es una fuente de consuelo y esperanza para los migrantes que han llegado a Estados Unidos, tanto en los que han permanecido católicos como los que se han convertido al protestantismo, y en ellos continúa siendo una fuente de espiritualidad y liberación.

No es de extrañar que algunas iglesias metodistas, bautistas, episcopales, luteranas o de otras denominaciones protestantes en Estados Unidos se interesen en la devoción guadalupana y que algunas coloquen en sus iglesias la imagen del Tepeyac para dar la bienvenida y acogida a los nuevos conversos.

Mujer rodeada del sol

Es fácil poner en cuestión todos los elementos «milagrosos» de la imagen guadalupana: la antigüedad de la tela, los colores de la pintura, las supuestas ocho o más siluetas aparecidas en sus pupilas, el atuendo de la Virgen de «princesa azteca», las constelaciones celestes en su manto... No es ningún milagro que una tela tenga más de quinientos años, los colores de la pintura del Tepeyac son de origen vegetal y mineral, la indumentaria femenina supuestamente indígena que luce la Virgen no es tal, ya que la auténtica vestimenta noble de las indias no tenía ni túnicas ni manto ni zapatos, y menos armiño en los puños; además, la tilma o ayate, el manto de fibras que Juan Diego llevaba puesto y sobre el que está impresa la imagen milagrosa, tiene una altura de un metro noventa y cinco centímetros... ¿Qué indígena podía ser tan alto?

En una investigación de la doctora Gisela von Wobeser, expresidenta de la Academia Mexicana de la Historia, se explica con claridad cómo la pintura de Guadalupe se inscribe en el arte sacro flamenco de los siglos XV-XVI, en donde se representaba a la Virgen María en el norte de Europa con trece características que aparecen en las imágenes marianas flamencas surgidas en la Edad Media, de las cuales, ocho aparecen en la imagen guadalupana, entre ellos la mandorla o rayos solares alrededor de la imagen.

¿No estoy aquí yo, que soy tu madre? Reflexionemos cuál es entonces la esencia e importancia del mensaje mariano. ¿Qué es lo que enciende el corazón de generaciones de mexicanos al ver su imagen y de tantos devotos por todo el continente americano y hasta en los confines del planeta?

El mensaje guadalupano original se encuentra en un documento conocido como *Nican mopohua*, es decir, «Aquí se cuenta», escrito quizá en torno a los años 1555-1566, para algunos por Antonio Valeriano, noble indígena mexica del barrio de Atzcapotzalco y para otros, por un grupo de sabios indígenas del Colegio de la Santa Cruz de Tlatelolco. Fue en el siglo XVII cuando cuatro escritores criollos —Miguel Sánchez (1648), Luis Lasso de la Vega (1649), Luis Becerra Tanco (1667) y Francisco de Florencia (1688)— publicaron libros sobre las apariciones y los milagros de la Virgen del Tepeyac. Se debe al sacerdote Miguel Sánchez el timbre de orgullo perenne del criollismo novohispano y más tarde mexicano: Sánchez señala que son dos los pueblos elegidos en la historia: Judea por Cristo y Nueva España por María; Jerusalén y la Ciudad de México son, por tanto, ciudades privilegiadas.

Pareciera más bien que la esencia de la tradición guadalupana se encuentra en el diálogo entre María la madre de Dios y un humilde indígena de Cuautitlán, centro evangelizador franciscano desde 1524. María habla en lengua náhuatl con palabras llenas de ternura, de predilección por un humilde *macehual* (indígena pobre) y le dice: «Juan, Juan Dieguito... escucha, hijo mío el menor, Juanito. ¿A dónde te diriges? Yo soy vuestra madre compasiva tuya y de todos lo que en esta tierra estáis... los que a mí clamen, los que me busquen, los que confíen en mí... ahí les escucharé su llanto, su tristeza, para remediar, para curar todas sus diferentes penas, sus miserias, sus dolores...». Ante la angustia de Juan Diego, al encontrarse muy grave su tío Bernardino, la Virgen lo consuela: «Hijo mío el menor, que no es nada lo que te espanta, lo que te aflige. ¿No estoy yo aquí que soy tu madre? ¿No estás bajo mi sombra y resguardo? ¿No soy la fuente de tu alegría? ¿No estás en el hueco de mi manto, en el cruce de mis brazos? ¿Tienes necesidad de alguna otra cosa?».

He aquí el verdadero milagro guadalupano, el cual puede resumirse en que Ella, María, es nuestra madre. ¿Y quién de nosotros no necesita de una madre que nos ame, que nos proteja, nos anime, consuele y acompañe? Todos necesitamos de una madre, buena si la nuestra lo fue, si no o no la conocimos, con mayor razón: creyentes o no creyentes, mexicanos, hispanoamericanos o no, María de Guadalupe nos ofrece a todos su amor incondicional, que es tierno, dulce, firme, y su presencia en cada momento de nuestra vida.

Virgen de Guadalupe. Atribuida a Manuel Osorio, segunda mitad del siglo XVIII, Museo Nacional de Arte, México.

comprendieran mejor la trascendencia que tenía su figura en el mundo cristiano. Lo cierto es que los nuevos conversos identificaron a la Virgen de Guadalupe como una figura maternal y protectora. Así lo expresa la historiadora Guadalupe Jiménez Codinach: «Ella dice: "No tengas angustia, yo estoy aquí, yo que soy tu madre; que nada te falte, estaré contigo siempre". Todos los seres humanos necesitamos una madre. El milagro está en ese mensaje que no existe en ninguna de las mariofanías del mundo más que en esta».

La imagen de la Virgen de Guadalupe, omnipresente en todo México, se basa en el icono milagroso que apareció en el atuendo de Juan Diego. Allí aparece sobre nubes, coronada y enmarcada por rayos de sol. Viste túnica rosa y manto azul con estrellas. Se apoya sobre la luna en cuarto creciente, sostenida por un ángel con las alas de color rojo, azul y amarillo. Aunque su rostro es de facciones europeas, tiene la piel tostada como los indios. La producción en masa de iconos de Guadalupe se atribuye al taller de fray Pedro de Gante, pintor flamenco establecido en Nueva España a mediados del siglo XVI, que ayudó a popularizar su imagen, la cual se forja mediante diversos símbolos y referencias artísticas.

En los grabados del Apocalipsis de Durero aparece una representación de la *mulier amicta sole* o «mujer vestida de sol» a la que hace referencia el capítulo 12 del libro del Apocalipsis y que diversos exégetas relacionan con la Virgen María. El aspecto de esta mujer vestida de sol sirvió como modelo para el prototipo europeo de la Inmaculada. Pedro Pacheco, suegro de Velázquez, en su *Tratado de Pintura* la describe así: «Túnica blanca y manto azul [...] vestida de sol, un sol ovado de ocre y blanco, que cerque toda la imagen, unido dulcemente con el cielo; coronada de estrellas; doce estrellas compartidas en un círculo claro entre resplandores, sirviendo de punto la sagrada frente [...]. Una corona imperial adorne su cabeza que no cubra las estrellas; debajo de los pies, la luna que, aunque es un globo sólido, tomo licencia para hacerlo claro, transparente sobre los países; por lo alto, más clara y visible, la media luna con las puntas abajo».

La iconógrafa Gisela von Wobeser señala que «si bien la imagen de la Guadalupana se puede entender como original por ser novohispana, recoge características iconográficas que obedecieron a cánones netamente europeos. Considero que, en particular, derivan de un modelo de imagen denominado *mulier amicta sole* (la mujer rodeada de sol), proveniente de los Países Bajos y de Alemania». Así pues, el modelo iconográfico guadalupano bebe directamente del de la Inmaculada Concepción, tan repetido en la pintura barroca española. Ambas expresan la misma idea, siguiendo con Von Wobeser: «Muchos clérigos novohispanos de los siglos XVII y XVIII consideraban a la Virgen de Guadalupe como una Inmaculada Concepción».

El cardenal Carlos Aguiar, arzobispo primado de México —y, por lo tanto, sucesor en el cargo de aquel Juan de Zumárraga que contempló el milagro de las rosas de Guadalupe—, habla de ese

Antedentes de la Virgen de Guadalupe. Las de Durero son del siglo XVI, y las xilografías

vínculo y destaca que «significa un hermanamiento entre los dos países a través de ella para que como buena madre nos haga reconocernos hermanos».

En el ámbito religioso la Virgen de Guadalupe se alza como uno de los símbolos más poderosos del encuentro entre ambos mundos, el Nuevo y el Viejo. Cinco siglos después su imagen continúa sirviendo de inspiración y consuelo para millones de personas.

Malintzin, india y señora

Malintzin, Malinche o doña Marina —ya que de las tres formas puede denominarse— es la tercera protagonista de este relato. Una mujer inteligente y generosa que ha arrastrado durante siglos con su propia e injustificada leyenda negra.

Como explica el historiador venezolano Carlos Leáñez, en ciertos ámbitos de Hispanoamérica, el término «malinchismo» tiene connotaciones negativas: «En Hispanoamérica somos víctimas en cierta forma de un relato que está irrigado por chistes, por tradición oral, por la escuela [...]. Un relato que básicamente dice lo siguiente: nosotros éramos santos indígenas, que vivíamos en paz y armonía con el medio ambiente y con las otras tribus vecinas. Esa situación paradisiaca es interrumpida por la llegada de unos barbudos, malolientes, singularmente crueles; que solo vinieron a robar, a pillar, vejar, matar, etc. Son,

coloreadas (anónimas) son del siglo xv.

evidentemente, unos demonios. A continuación, irrumpen unos libertadores, unos ángeles libertadores. Estos ángeles libertadores cortan el dominio de los demonios y trabajosamente comienzan a llevarnos de vuelta al paraíso indígena. Como vemos es un relato circular, se termina donde se comenzó. También es un relato singularmente peligroso en el que hay como una serie de roles asignados: traidores, malos, buenos... Es un relato absolutamente mítico, porque no tiene nada que ver con la historia, en el cual la Malinche se nos retrata como una colaboracionista, alguien que se presta a un juego absolutamente perverso. Es necesario descomponer este relato y superarlo, solo entonces, al estar más ajustado a la verdad, el rol de la Malinche se transfigura y deja de ser una malvada para ser un puente, una partera, alguien que da a luz a una nueva civilización».

¿Quién fue realmente Malintzin? Sobre sus orígenes no se conocen más que conjeturas, algunas de las cuales hablan de un posible linaje vinculado a la nobleza. Nació en México hacia el año 1500 y la primera referencia histórica a su persona data del 15 de marzo de 1519. En esa fecha fue entregada por los caciques de Tabasco junto con otras diecinueve doncellas a los españoles de Hernán Cortés, después de la batalla de Centla. Sirvieron como presente para sellar una alianza junto con otra serie de tesoros como atuendos, plumerías y piezas de oro. Las doncellas fueron bautizadas y después adjudicadas por Cortés a sus

C

Doña Marina
Andrea Martínez Baracs

Era una joven de Coatzacoalcos, en el golfo de México. Fue vendida como prostituta y terminó siendo parte del obsequio del gobernante de Centla, en Tabasco, a Hernán Cortés tras la batalla de marzo 1519. Como sabía las lenguas maya yucateco y náhuatl, se convirtió en la traductora de Cortés junto con el español Jerónimo de Aguilar, que había naufragado en 1511, y que a su vez hablaba maya yucateco. La Malinche rápidamente aprendió español y fue amante de Cortés.

Las fuentes de la época, crónicas nahuas lo mismo que de militares y religiosos españoles, muestran su habilidad natural para, más allá de simplemente traducir, ser parte sustancial del avance de las fuerzas españolas en suelo mesoamericano: sabía negociar y también intimidar y amenazar a las embajadas indígenas. Fue admirada por su valentía, inteligencia e increíble ascenso.

Hay varias teorías sobre su nombre. La que parece más sólida indica que la bautizaron como Marina; el náhuatl pronunciaba mal la consonante «r», tendía a convertirla en «l»: Malina. El sufijo «tzin» es honorífico: Malin-tzin, Malintzin. Un dato curioso es que, al escuchar el nuevo apelativo Malintzin, ella pensó que era de uso general, y de ese modo ella a su vez llamó a Hernán Cortés: Malintzin. Malinche

sería la castellanización de Malintzin. En el siglo xx se utilizó Malinche, malinchismo, para denotar el desprecio a lo propio y la entrega a los extranjeros. Esa era en México la imagen popular de la Malinche.

La historiografía del siglo xx tardío puso en claro varios puntos que cuestionan esa visión negativa. Ante todo, los pueblos mesoamericanos no constituían una unidad nacional y su fidelidad era principalmente a su ciudad-estado, fuese pequeña o grande. De modo que no habría porqué elegir entre los de aquí o los recién llegados. Hay que añadir que Hernán Cortés, despiadado militar y a la vez fino político, desde el inicio estableció alianzas con los sojuzgados del imperio: «Apóyame y ya no debes darle tributo y obediencia». Un año después de la caída de México-Tenochtitlan, en 1522, Malinche, doña Marina, dio a luz al primer hijo varón de Cortés, que él llamó don Martín, como su padre. En 1524 Cortés la casó con Juan Jaramillo, su fiel compañero en la conquista y uno de los hombres más ricos de la Nueva España, y les dio por dote dos pueblos prósperos cerca de Coatzacoalcos. Tuvieron una hija, María. En 1529, doña Marina murió víctima de alguna enfermedad europea. En ese momento Cortés se encontraba en España con el niño Martín, a fin de que el papa legitimara a su hijo mitad indígena y que fuese aceptado en el servicio del rey y en la Orden de Santiago.

lugartenientes, entre los que se encontraba Alonso Hernández de Portocarrero, quien recibió en prenda a Malinche, ya bautizada como Marina.

Cuenta el historiador Juan Carlos Jiménez de Quintana que cuando Cortés llega a San Juan de Ulúa, se acercan mexicas en unas canoas y empiezan a hablar en náhuatl. Su intérprete Jerónimo de Aguilar no entiende nada de lo que dicen porque él solo habla maya. Es en ese momento crucial en el que los españoles descubren que llevan con ellos a una mujer capaz de expresarse de forma fluida tanto en lengua maya como náhuatl, conocimientos ambos de enorme valor para los españoles. Desde ese instante la joven Malintzin se convirtió en la correa de transmisión indispensable entre Cortés y un mundo, el indígena, que le era absolutamente ajeno. Ella no solo es traductora, también es intérprete cultural, consejera y asesora.

Se revela como un apoyo indispensable para el extremeño, tal y como explica Juan Miguel Zunzunegui: «Doña Marina traducía a Cortés del náhuatl al castellano, pero hay que entender que lo que ella hacía no era simplemente traducir palabras: ella debía hacerle a Cortés una traducción cultural. Hernán Cortés no tiene la más remota idea de lo que está pasando a su alrededor, no entiende la lengua, no entiende la cultura, no entiende los protocolos diplomáticos, no entiende la religión, no entiende absolutamente nada. Marina no solamente tiene que traducirle palabras, Marina tiene que explicarle lo que está pasando. Ella representa a los pueblos mesoamericanos que optaron por recibir a los españoles».

En julio de 1519 Malinche ya era capaz de hablar en castellano con Cortés sin necesidad de utilizar a Jerónimo de Aguilar como intérprete. Y es por estas fechas cuando comienza una relación romántica entre Marina y Hernán. «¿Por qué se critica que son amantes? —se pregunta el historiador Antonio Cordero—. ¡Qué bueno que fueron amantes! Es una muestra más de que Cortés venía con un ánimo de mestizo».

Malintzin es mucho más que una amante. En realidad, se convierte en una pieza esencial en la estrategia de Hernán Cortés, quien la lleva consigo en los encuentros diplomáticos entre los castellanos y los jerarcas de los pueblos de Mesoamérica. Su valor es incalculable a la hora de forjar alianzas —Cortés siempre buscó el acuerdo por encima del enfrentamiento militar—, pero también resulta capital en las batallas, pues ella se encarga de traducir las órdenes estratégicas entre los capitanes españoles y los indígenas aliados. Doña Marina se ganó el respeto de todos ellos y recibió un trato acorde con el de una mujer de alto rango. Le fue conferido el título de «Doña», que servía para diferenciar a las mujeres nobles de las plebeyas.

En 1521 vive junto con Cortés en un palacio de Coyoacán, como si fueran marido y mujer, y poco después da a luz a un hijo, Martín, considerado uno de los primeros mestizos de la conquista. Como ya se ha contado en un capítulo anterior, Martín Cortés siempre gozó del

Detalle de una de las 24 tablas sobre la conquista de México. Escena 17: *Xiconca viene a hacer pazes, da Suchiles y los Caziques ofrecen sus hijas a Cortés y no las admite.* Miguel y Juan González, 1698, Museo de América (Madrid).

reconocimiento de su padre y su origen mestizo no le impidió medrar en sociedad entre los españoles.

No obstante, Cortés ya estaba casado, lo que imposibilitaba unos nuevos esponsales entre ambos. Para garantizar su estabilidad, el capitán extremeño concertó su matrimonio con un rico terrateniente mexicano llamado Juan Jaramillo quien, además, era regidor de la Ciudad de México. El propio Cortés aportó como dote dos encomiendas de las cuales doña Marina se convirtió en propietaria.

A partir de ese momento, Malintzin llevó una vida acomodada sobre el apoyo de su prestigio y su fortuna. Tuvo una segunda hija con Jaramillo a la que llamó María, otra mestiza que, al igual que su medio hermano Martín, no tuvo ningún problema en encajar en la nueva sociedad novohispana y se casó con Luis López de Quesada, quien en un escrito judicial de 1556 para defender la titularidad de unas tierras de su esposa, denomina a su suegra Malintzin como «india y señora».

Doña Marina murió en 1527, probablemente debido a una epidemia de sarampión. Ahí terminó la apasionante vida de aquella mujer que hizo de puente entre dos mundos y cuyo ejemplo se ha mantenido vivo a lo largo de cientos de generaciones de mestizos que, todavía hoy, pueblan las tierras de Hispanoamérica.

IV
Cómo hablar a un indio de Dios

PÁGINA ANTERIOR
Cristo Crucificado, Iglesia de la Compañía de Jesús, Cuzco (Perú).

«Vinieron con una fe grandísima para poder conquistar con el corazón dos tercios del mundo»

Martha Vera

Evangelizar un continente entero no es tarea fácil, tanto más cuanto las costumbres y la lengua de dicho continente son totalmente ajenas a quienes deben llevar la palabra de Dios a esas tierras. Para esos primeros misioneros, América es lo que para nosotros podría ser otro planeta. Sin embargo, no cejaron en su empeño.

En todo momento contaron con el apoyo de la Corona que, como ya se ha indicado, desde el comienzo de la conquista asumió la responsabilidad de catequizar a los indígenas, ya que esa era la única forma de legitimar su dominio sobre el nuevo continente. Luis Suárez Fernández explica el escenario que se encontró la reina Isabel I de Castilla en 1492: «Se habían descubierto islas nuevas y no establecido contacto con grandes imperios. [Los Reyes Católicos] necesitaban legitimar los títulos de posesión de las nuevas tierras, acomodándose a la doctrina expresada por Clemente VI en 1344; solo el papa, vicario de Cristo, podía declarar la legitimidad que les asistía acerca de ellas». En 1493 Alejandro VI ratificó dicha legitimidad mediante la bula *dudum siquidem*, supeditándola al compromiso de evangelización de sus moradores.

La reina Isabel se había adelantado a dicha disposición y ya pensaba en encomendar a los franciscanos aquella tarea, pues se habían mostrado muy activos en la evangelización de las Canarias. Los Reyes Católicos convencieron al papa para que emitiera una nueva bula, la *Piis Fidelium*, mediante la cual se dispensaba a

La Fiesta de Corpus Christi en Cuzco
Rafael Aita

Cuando el papa Urbano IV instituyó en 1264 la fiesta litúrgica del Corpus Christi, no imaginó que, al otro lado del mundo, en un continente que no conocía, en la capital de un Imperio que estaba naciendo, se celebraría con una de las procesiones eucarísticas más masivas a nivel mundial hasta el día de hoy.

El Corpus Christi en Cuzco fue una de las primeras festividades barrocas que se celebraron en Perú después de la llegada de los españoles en el siglo XVI y hoy es una de las fiestas religiosas más importantes para el pueblo peruano, que muestra su fe y devoción sacando a quince santos en procesión, cada uno en representación de su propio barrio.

La fiesta comienza un miércoles, día anterior al de la celebración principal, con la salida de los santos en procesión: san Antonio, san Jerónimo, san Cristóbal, san Sebastián, santa Bárbara, santa Ana, Santiago Apóstol, san Blas, san Pedro, san José, la Virgen de la Natividad Real de la Almudena, la Virgen de los Remedios, la Virgen Purificada, Virgen de Belén y la Virgen de la Inmaculada Concepción, llamada «la Linda».

Las imágenes desfilan en ese mismo orden para reunirse frente al templo de

Santa Clara, en una procesión conocida como la «Subida de Corpus». Desde ahí emprenden camino hacia la plaza Mayor de Cuzco, donde se cobijan en la catedral hasta el día siguiente. Según la creencia popular, los santos llevan a cabo una especie de reunión capitular durante la noche que permanecen en la catedral en la que rinden cuentas a la Virgen María sobre el comportamiento de sus barrios.

Al día siguiente, tras la misa a la entrada de la catedral que oficia el arzobispo, sale una hermosa carroza de plata que lleva en su interior la custodia de oro con la Sagrada Forma. Detrás de ella siguen la procesión en fila ordenada los quince santos, acompañados por los miles de fieles de cada uno de sus barrios. La plaza Mayor de Cuzco desborda alegría y colorido, pues los barrios compiten entre sí por quién muestra mayor devoción a través de sus danzas, sus indumentarias, su música y sus comparsas. El ambiente es realmente festivo al puro estilo barroco andino, pues ¿qué puede ser más hispano que una fiesta barroca en honor a la Eucaristía, donde sale en procesión Santiago Matamoros? ¡Y esto ocurre en el corazón del Imperio incaico! Una muestra de la unión cultural de dos mundos y dos imperios a través de una misma historia y una sola fe.

Los doce primeros, cuadro que celebra el 500 aniversario de la llegada de los primeros

los franciscanos de sus compromisos de ayuno y abstinencia para que pudieran adaptarse a la ardua labor que les esperaba en el Nuevo Mundo.

Así pues, la conquista española no se logró a través de las armas, sino de la fe. Las misiones evangelizadoras se multiplicaron a lo largo de todo el territorio, normalmente desarrolladas por indios ya cristianizados que ampliaban la influencia de estas misiones. Como explica el historiador Jorge Luis García Ruiz, «las misiones realmente son un pueblo. Eligen su propio alcalde, su propio alguacil, sus propios concejales [...]. En las misiones lo único que hay son unos pocos frailes y

misioneros franciscanos a América. Augusto Ferrer-Dalmau, 2024.

algún soldado que los protege porque suelen fundarse en un territorio hostil». El proceso evangelizador no estaba exento de riesgo, pues los ataques a las misiones eran habituales y muchos frailes entregaron su vida en ellos. El coste humano que se pagó en vidas es un tema del que apenas se ha hablado.

Siguiendo las huellas de Cristo

Según el historiador Juan Carlos Jiménez Quintana, «oficialmente la evangelización se considera que se inicia el 13 de mayo de 1524 con los doce apóstoles franciscanos». El número se mantenía

El Tata Vasco
Eduardo Barriga

En tiempos pasados y actuales, pocos personajes españoles, actores del llamado descubrimiento del Nuevo Mundo y la subsecuente conquista española, han sido reconocidos por su quehacer en favor de los pueblos originarios. Uno de ellos es Vasco de Quiroga, nacido en la Villa de Madrigal, provincia de Ávila, durante la década de los setenta del siglo xv.

Abogado, caballero de la Orden de Malta, juez, oidor y obispo. Vasco de Quiroga es reconocido como defensor de los derechos de los pueblos indígenas, impulsor de la economía comunal, educador de niños, jóvenes y adultos, y por su destacada labor pastoral.

Arribó a la ciudad de México en enero de 1531 donde, como funcionario de la Corona, escuchó las quejas y los abusos sufridos producto de la conquista. Su convicción por ayudar al desprotegido lo encaminó a hacer más. Durante su primer año de estancia en América fundó el primer pueblo-hospital, al que él mismo llamó de Santa Fe, y dos años después otro similar

en Michoacán. Estos hospitales acogían a personas en situaciones precarias: viudas, huérfanos y ancianos; se regían bajo reglas y ordenanzas cuya finalidad era la enseñanza cristiana. Además de ello, también se ocupaban de transmitir a los indios una educación básica, atención a su salud y ayudarlos a crear una cierta independencia económica mediante el cultivo y la administración de huertos familiares y el aprendizaje de oficios. Por lo anterior se ha llegado a reconocer a Vasco de Quiroga como el humanista por excelencia.

En la ciudad de Pátzcuaro y su región, la cual fundó exprofeso para llevar a cabo su obra, podemos respirar la tranquilidad, la historia, la cultura y la tradición humanística herencia del noblemente llamado por los indígenas Tata Vasco.

En 2024 se cumplen cuatro años desde que el papa Francisco reconociera las virtudes heroicas del obispo Quiroga al otorgarle el reconocimiento de «Venerable», primer rango en el proceso eclesiástico que culmina con la canonización.

El año que llegó la fe
Miguel de Bertodano

Tras la conquista de Tenochtitlán y a petición de Hernán Cortés, el Rey y el Papa envían a doce frailes franciscanos dando así comienzo a la Evangelización.

Los doce desembarcan en Veracruz el 13 de mayo de 1524, y el 18 de junio llegan a las cercanías de la ciudad. Avisados, salen todos protocolariamente y engalanados a recibirles a las afueras. Al encontrar a los frailes, Cortés desciende de su caballo, deposita su sombrero en el suelo, se arrodilla con humildad y besa el hábito de fray Martín de Valencia ante la mirada atónita de los tlaxcaltecas, el mercedario Padre Olmedo y doña Marina. Acostumbrados a la arrogancia de los soldados, se preguntan: «¿Quiénes son estos miserables delgados y harapientos a quien Cortés trata con tanta reverencia y humildad? ¿Por qué son tan importantes?».

La escena, narrada en varias crónicas, ha quedado grabada en la memoria como «El año que llegó la fe» o «El año que vino Nuestro Señor». Y a pesar de su

importancia, apenas ha sido representada por artistas a lo largo de los siglos. Por eso para ilustrarla en la película se ha recurrido al Códice de Tlaxcala y los maravillosos murales de Desiderio Hernández Xochitiocín.

El grupo de españoles y tlaxcaltecas acompaña a Cortés, que hace de puente con el bloque de los pobres frailes de hábitos desgastados. Un niño, el futuro, no teme a los recién llegados y es el primero en acercarse al nuevo grupo. En este gesto simbólico se introducen las nuevas reglas del juego que lentamente dará lugar al nuevo orden político civil, que asume como propio todo lo anterior, sin castigar ni exterminar, que corrige y supera el horror del sacrificio humano antropofágico o idolátrico, que finalmente perderá sentido ante el sacrificio definitivo de Cristo inocente en la Cruz. Poco a poco el error quedará redimido, sanado, integrado, y se pretenderá construir en la verdad y el bien común un nuevo pueblo unido que viva en paz. Sin duda, constituye uno de los momentos fundantes de la hispanidad.

como una tradición desde los orígenes de la Orden del «poverello» de Asís, quienes en su objetivo de «seguir las huellas de Cristo» fundaban los nuevos cenobios en grupos de doce, igual que los apóstoles que acompañaron a Jesús.

«Su jefe era fray Martín de Valencia —afirma el historiador Antonio Cordero—. Todo sucio, haraposo. También venía Toribio de Benavente, a quien los indios llamaban Motolinía». Consuelo Martínez-Sicluna aclara que «él mismo se da ese nombre porque en náhuatl significa "pobre". Él quiere ser un pobre más entre los pobres, entre los indios».

Los doce franciscanos llegaron a San Juan de Ulúa, donde fueron recibidos por Hernán Cortés. La escena es descrita por Juan Carlos Jiménez Quintana del siguiente modo: «Cortés y todo su equipo se van muy arreglados a recibir a los frailes y a esta recepción asisten también todos los indígenas que estaban alrededor de los españoles. Ante la presencia de los frailes lo que hace Cortés es quitarse el gorro y besar la mano de Martín de Valencia, pero él se lo impide y entonces Cortés le besó el hábito».

Juan Miguel Zunzunegui cree que el protocolo debió de resultar muy impactante para los nativos: «Imagina que tú eres el texcocano, el tlaxcalteca, el cholulteca... y ves como estos castellanos, los "castiltecas" como les llaman los indios, que han sometido de tal manera a los mexicas, que ante tus ojos son poderosos conquistadores, se arrodillan ante unos humildes frailes». Una imagen potente, sin duda, que debió de quedar firmemente fijada en la retina de los indígenas contribuyendo a forjar el respecto hacia esos extraños hombres con hábito y de apariencia sencilla.

La evangelización del Nuevo Mundo acababa de empezar y tenía por delante retos de envergadura. El más importante quizá fuera el que señala Jiménez Quintana: «¿Cómo hablarle a un indígena de Dios cuando es completamente distinta tu comunicación?».

Los pueblos indígenas tenían cultos propios y, en muchos casos, estaban acostumbrados a la práctica ritual de sacrificios humanos. Incas y mexicas contaban con ceremonias terriblemente sanguinarias y, de pronto, llegan los españoles y presentan a un Dios que es víctima de los pecados del hombre y no a la inversa. Se trata de un culto novedoso, como reconoce el historiador Aurelio Valarezo: «El Dios cristiano es un Dios que, en lugar de quitarte la vida, te la da para la eternidad; en lugar de que tú tengas que sacrificar a alguien para el Dios, es el Dios el que se ha sacrificado para ti».

Una lengua desconocida

Por muy revolucionaria y atractiva que resultara la nueva catequesis para los indígenas, de nada serviría tratar de predicarla si no había forma de comunicarse con los catecúmenos. «Los frailes para poder evangelizar, tenían que aprender las lenguas nativas de los originales para poder transmitir su mensaje», confirma

Sor Juana Inés de la Cruz. Andrés de Islas, 1772, Museo de América, Madrid.

la historiadora del arte Angélica Montes-Cruz. Mientras que el dominico ecuatoriano Roberto Fernández explica cómo los misioneros aprendían el idioma local: «El modo más rústico de proceder era que el misionero le preguntaba al indio "*¿ima shuti?*" (¿esto qué es?) y el indio decía "*rumi*", entonces el misionero anotaba: "*Rumi igual a piedra*" [...]. Y así cosa por cosa, se fueron haciendo vocabularios».

Los misioneros españoles estudiaron las lenguas indígenas con gran interés y pronto se convirtieron en expertos en esa materia. No solo las asimilaron, sino que, al utilizarlas como lenguas vehiculares para la evangelización, lograron que no desaparecieran ni cayeran en el olvido. «Los dominicos se preocuparon enseguida por aprender la lengua de los indígenas, el quichua —señala Roberto Fernández—. Fray Domingo de Santo Tomás, que trabajaba en el Perú, escribió la primera gramática de quichua que se conoce y que se editó en Valladolid en 1560, donde Felipe II costeaba una cátedra de quichua para todos los clérigos de la ciudad».

coraçon

El bautizo de los señores de Tlaxcala. Fray Bartolomé de Olmedo aparece bautizando y Cortés como padrino. Anónimo, siglo XVIII, Templo de San Francisco de Tlaxcala, Tlaxcala (México).

El hispanista argentino Patricio Lons incide en esta idea: «En Perú y en Argentina también hoy en día todavía existe gente que habla náhuatl o quechua. Esto es gracias al aporte español. Si el guaraní ha sobrevivido como lengua en Paraguay ha sido gracias al aporte español, que lo pudo plasmar en papel otorgándole una gramática escrita de la que antes carecía».

Los misioneros españoles escribieron muchos libros en lenguas indígenas, y estos no solo contenían la palabra de Dios, sino toda clase de saberes que fueran útiles para su formación y la mejora de su calidad de vida. El historiador español Gonzalo Gómez pone como ejemplo «la fundación del colegio de Santa Cruz en Tlatelolco, que es un centro de investigación para los indígenas y en el que se escribe uno de los grandes tratados de medicina en náhuatl para aumentar la ciencia médica en España y a su vez en América. Tanto España como América tenían la mejor medicina del mundo entonces».

A medida que transcurría el tiempo, los responsables de la evangelización de América son también los propios mestizos bautizados. Ellos ya no necesitan aprender la lengua local, sino que esta forma parte de su propia identidad, al igual que la herencia española. La historiadora Beatriz López-Portillo lo ilustra con la figura de sor Juana Inés de la Cruz, nacida en Tepetlixpa a mediados del siglo XVII: «Sor Juana habló náhuatl y escribió en náhuatl. [...] Ella se siente mexicana [porque lleva] dos mundos en la sangre. El del idioma español y el de las lenguas originarias. Ella integra el amor a esos orígenes y a esa historia [indígenas], pero también el amor a una lengua y una religión [españolas] que le da sentido a lo que ella es. Ella lo sabe integrar muy bien y lo vive, y se nombra a sí misma mexicana, mexicana en el sentido de que es una parte del reino de España».

Las reducciones: santuarios para los indios

Siguiendo el ejemplo de los franciscanos, los siguientes misioneros en llegar a América fueron los dominicos, de cuya congregación formaba parte, entre otros Antonio de Montesinos. En su célebre «Sermón de Adviento» de 1511, Montesinos denunció los abusos que varios encomenderos españoles cometían contra los indios: «¿Estos [los indios] no son hombres? ¿Con estos no se deben guardar y cumplir los preceptos de caridad y de la justicia? ¿Estos no tenían sus tierras propias y sus señores y señoríos? [...] Todos estáis en pecado mortal, y en él vivís y morís, por la crueldad y tiranía que usáis con estas inocentes gentes».

El sermón de Montesinos tuvo una enorme resonancia y su eco llegó hasta la Corona. La labor de Montesinos fue fundamental para la emisión de las Leyes Nuevas y marcó la pauta de la gran mayoría de los evangelizadores americanos, quienes siempre antepusieron el bienestar y la protección de los indígenas a otras cuestiones.

Después de franciscanos y dominicos llegaron muchos más. Los agustinos aparecieron en 1533, luego los capuchinos, que se expandieron por zonas de Brasil, Estados Unidos y Canadá. Los misioneros jesuitas arribaron a América desde comienzos del siglo XVII... Las órdenes religiosas no dejaron de enviar evangelizadores al Nuevo Mundo en ningún momento, todos ellos contribuyeron a la creación de un excelso patrimonio histórico y cultural de honda raíz mestiza.

Las órdenes fundaban misiones cuyo modelo imitaba el que popularizaron los jesuitas a partir del siglo XVII. Cada misión estaba compuesta por una iglesia, una residencia para los frailes y varias casas para los indios levantadas en torno a una plaza. En realidad, las misiones eran como pequeñas ciudades autónomas donde los indios no solo descubrían el evangelio, sino que también aprendían labores, oficios, cultivaban sus propias tierras y administraban sus propios bienes.

Las misiones, que con el tiempo se conocerían como «reducciones», eran una suerte de santuario para los indígenas. Bajo la protección de las órdenes religiosas, gozaban de inmunidad frente a los abusos de los encomenderos. Allí se encontraban a salvo de aquellos que, burlando las leyes de la Corona, pretendían esclavizarlos o explotarlos. Nadie podía hacerles daño dentro de los límites de la reducción.

En las reducciones se establecieron «unas poblaciones que normalmente solían ser de indios ya cristianizados —señala el historiador Jorge Luis García Ruiz—, las cuales servían como modelo a quienes se querían incorporar a esas misiones. Pero claro, estamos en un territorio hostil, por lo tanto había que dotarlos de una protección. Esta la proporcionaban los soldados presidiarios

La importancia del español en el mundo y la labor de Andrés Bello
Susana Cordero de Espinosa

Tema de complejidad irreductible a tan corto espacio, lengua descomunal que desde hace cinco siglos conquista diecinueve países americanos entre México y la Patagonia, con alrededor de seiscientos millones de hablantes en América, España y Guinea Ecuatorial y sesenta millones en Estados Unidos; y aún se cultiva en las antiguas Islas del Poniente o Filipinas. A pesar de esta vasta geografía, clave de su diversidad, el español preserva una admirable unidad.

Nada más justo que evocar aquí a don Andrés Bello, el mayor humanista hispanoamericano. Su vida y obra han merecido ingentes investigaciones de individuos ilustres que Francisco Javier Pérez reúne y completa de su propia mano, con maestría, sabiduría y amor, en *Veneración de Bello, estudios americanos y españoles*, notable texto de 2021.

La filología, ciencia, ética y estética, fue para Bello una meta vital. Sabio e incansable estudioso de América, su ansia de valoración de las independencias lo llevó a viajar a Londres, donde estudió y escribió sin descanso, en una larga estancia de inmisericorde pobreza, nutrida por la nostalgia de la patria y el anhelo de que las novísimas repúblicas encontraran caminos viables para sobrevivir...

Veneración de Bello «contiene trece estudios independientes y orgánicos a la vez. [...] Inspeccionar y sistematizar serían [...] los aspectos motores de la investigación bellista puesta en marcha en él; este libro

“ordena procesos de interpretación y concentra su interés en las contribuciones más representativas”: impresiona e ilumina la riqueza de su “Primer diagnóstico sobre el bellismo internacional contemporáneo”».

Desfilan por él trabajos de eminentes críticos, no todos igualmente abiertos a aceptar el enorme significado de Bello, hoy apreciado en su real dimensión; a ella aporta la notable investigación del académico chileno Iván Jaksic sobre *Cuadernos de Londres*, estudio que descubre el tributo de dichos Cuadernos a la totalidad de la obra bellista. Al respecto, Pérez escribe emocionado, en su epílogo de la edición venezolana de *Andrés Bello, la pasión por el orden*: «Reconforta la hechura de una obra tan bien hecha y por los nuevos aires que respiramos en ella, como reescritura de un bellismo ganado a una nueva espiritualidad».

Entre notables estudios, el autor-compilador reconstruye «el bellismo de jesuitas estudiosos», donde no pude por menos que buscar el nombre del gran ecuatoriano Aurelio Espinosa Pólit (1894-1961), que admiró el humanismo bellista, fundado en su dominio del griego y del latín, base de su *Gramática*. «El padre Espinosa —escribe Pérez— hará una aprobación fundamental al prologar el octavo volumen de las obras completas del sabio, dedicado a sus trabajos sobre gramática latina, en las ediciones de Caracas de 1958 y 1981, titulado “Bello latinista” —y continúa—: Se trata de una obra maestra del bellismo contemporáneo, en donde se busca afianzar el principio sobre la simiente clásica que subyace en el poeta, en el gramático y el jurista».

(quienes se acuartelaban formando un presidio). No obstante, aunque digamos la palabra "soldado", estamos hablando más bien de un cuerpo policial. Es un cuerpo que mantiene el orden».

Dentro del ámbito de las reducciones y presidios había dos tiempos de indios, según García Ruiz: «Unos son pacíficos y admiten con agrado la presencia española porque les defiende de otros indios agresivos como los apaches, que viven del saqueo de las poblaciones pacíficas. Poco a poco se van poniendo misiones, pero los indios agresivos las atacan y a menudo causan bajas entre los frailes. El proceso de expansión de las reducciones hacia el norte costó una cantidad de vidas enorme de las que nunca se habla. Porque todo esto se mete en una nube gris en la que no para tratar de confundir a todo el que quiere estudiar algo sobre esto».

Esa «nube gris» es la causante en gran medida de la leyenda negra que retrata las reducciones como lugares donde los indios eran confinados y maltratados en contra de su voluntad. Al respecto, el historiador Jorge Luis García Ruiz explica que «la idea que se tenía era que las misiones eran un lugar de esclavitud de los indios, como un campo de concentración en que los ponían a trabajar a latigazos para que construyesen las misiones. Pero lo que arrojan los datos es que [en misiones como las de San Antonio, Texas] residían a lo largo de ochenta años hasta cuatro generaciones de una misma familia, con lo cual, si hubiesen querido escaparse habrían tenido tiempo de sobra para hacerlo. Nadie los esclavizaba». En esas circunstancias resulta difícil de creer que solo dos personas pudieran mantener cautivas a poblaciones de hasta cuatrocientos indios durante más de ochenta años si no hubieran querido permanecer en la misión de forma voluntaria.

El proceso misional era a veces arduo y conflictivo debido a las luchas entre las diferentes naciones indias, en las cuales los misioneros españoles a veces se veían envueltos de forma involuntaria. Con el paso del tiempo llegó a establecerse toda una red misionera en Norteamérica que abarcaba desde Florida hasta las costas de California; aunque se desconoce la cifra exacta de misiones fundadas por los españoles entre los siglos XVII y XIX, se habla de alrededor de doscientas. La defensa de estos establecimientos se aseguraba mediante presidios, que también servían para mantener la paz dentro de la misión en caso de que fuera necesario. Eventualmente podía ocurrir que las misiones fueran atacadas por tribus indias belicosas, y, por eso, presidios como el de San Sabá en Menard, Texas, eran necesarios, tal y como cuenta el coronel Terrel T. Kelley: «Los comanches fueron enemigos muy fuertes de los apaches. Y la misión de San Sabá era para los apaches. Así que los comanches decidieron destruirla».

García Ruiz pone en contexto la tragedia ocurrida en la misión de San Sabá en 1758: «Los apaches se resistían a cristianizarse, o hispanizarse, o como queramos llamarlo. Hasta que finalmente se llegó a un acuerdo muy frágil con ellos en base al cual se les construyó una misión, la de San Sabá, para su uso exclusivo.

Los apaches la utilizaron como base para desde allí atacar a sus enemigos comanches y [después hacerles creer] que eran los españoles los que les habían atacado. Los comanches, en represalia, saquearon la misión y masacraron a todos sus habitantes, no pudieron con el presidio porque estaba bien defendido. Era un presidio grande de cien soldados. Esas luchas entre distintas naciones indígenas afectaban a la colonización del territorio por parte de los españoles».

A pesar de estos episodios aislados, la labor de las misiones fue muy fructífera. En opinión del historiador Alejandro Rodríguez de la Peña: «Lo que se hizo con personas de culturas primitivas supera la velocidad del proceso civilizatorio romano. Roma lo hacía en ciudades, pero los misioneros lo hicieron en la selva. Lo que en otros casos de procesos civilizatorios se tardó siglos, en América fue hecho en décadas. En ese sentido los jesuitas son un *unicum* histórico [...]. No ha habido nada igual después a ese nivel —y añade—: los jesuitas fueron cerebro de la hispanidad».

Las misiones de Norteamérica

Los padres de la Compañía de Jesús fundaron las primeras misiones en los actuales Estados Unidos entre 1565 y 1572, en Georgia y Florida. Muy poco después llegaron los franciscanos, quienes no les fueron a la zaga en lo que a actividad fundacional misionera se refiere.

En 1680, la Corona emite una batería de leyes que garantizan el derecho de los indios de las misiones a elegir a sus propios representantes locales. En grandes comunidades como las misiones de San Diego y San Carmelo (Monterrey) se escogía por sufragio directo a dos alcaldes y dos regidores que debían ser de raza india; en las misiones más pequeñas la cifra se reducía a la mitad. La presencia de estos funcionarios indígenas garantizaba que los intereses de los nativos no quedaran sin defensa. A menudo estos funcionarios eran capaces de equilibrar sin grandes problemas ni presiones la protección de los intereses de sus «electores» y la fidelidad debida a la Corona de la que eran súbditos.

Con todo, la enorme trascendencia de las reducciones españolas en Estados Unidos no se muestra en toda su plenitud hasta el fin del dominio español en la zona. Hasta entonces, como queda dicho, las misiones actuaban como un lugar en el que la integridad de las comunidades indígenas se mantenía a salvo de ataques y abusos externos. Tras perder la protección de las leyes que la Corona había emitido durante sus tres siglos de dominio americano que garantizaban la protección de los indios —como las Leyes Nuevas—, los nativos norteamericanos quedaron a merced de la legislación estadounidense, la cual era mucho más perjudicial para ellos. En su expansión hacia el oeste, a través de lo que antes fue territorio español, los colonos de Estados Unidos fueron implacables con la población indígena. En su legislación, a diferencia de la española, no existía ningún

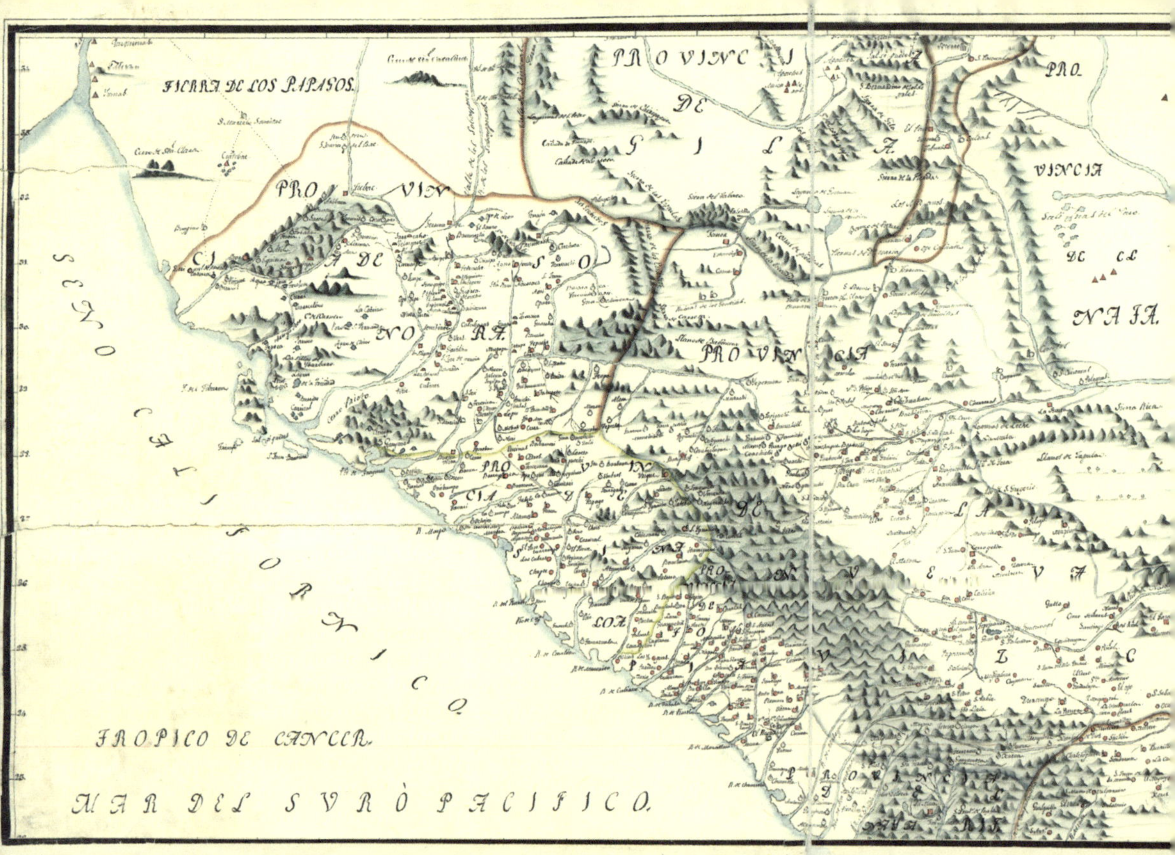

Una conquista poblacional
Jorge Luis García Ruiz

Las misiones y los presidios fueron las herramientas utilizadas por España en la expansión cultural de los pueblos al norte de Ciudad de México.

Si bien es cierto que la conquista, aquel evento con nombre propio que se refiere al sometimiento de la cultura azteca y se circunscribe a su capital (la impresionante Meshico–Tenochtitlán) fue una conquista militar, no es menos cierto que, cuando se intentó sojuzgar a otros pueblos por la misma vía, los resultados fueron cercanos al desastre más absoluto.

La Corona, a través de sus representantes, los virreyes, pronto fue consciente de que era necesaria la puesta en práctica de otros sistemas más humanos para conseguir el fin perseguido. A la Corona no le interesaba un territorio enorme, como era el americano vacío de habitantes. No existía en la península ibérica capital humano suficiente para repoblar los nuevos territorios y, además, ya desde los tiempos de Isabel la Católica, los planes para las Indias Occidentales y sus naturales eran otros, más elevados que la simple extracción de sus recursos. Se intentaba conseguir una segunda España, libre de los vicios que la Corona estimaba que la primera tenía.

Para ello había que propagar la palabra de Dios. La misión principal era hacer de los indios unos devotos cristianos. Tanto la Iglesia como los soldados presidiales, que poseían una gran experiencia sobre el terreno, convencieron a las autoridades

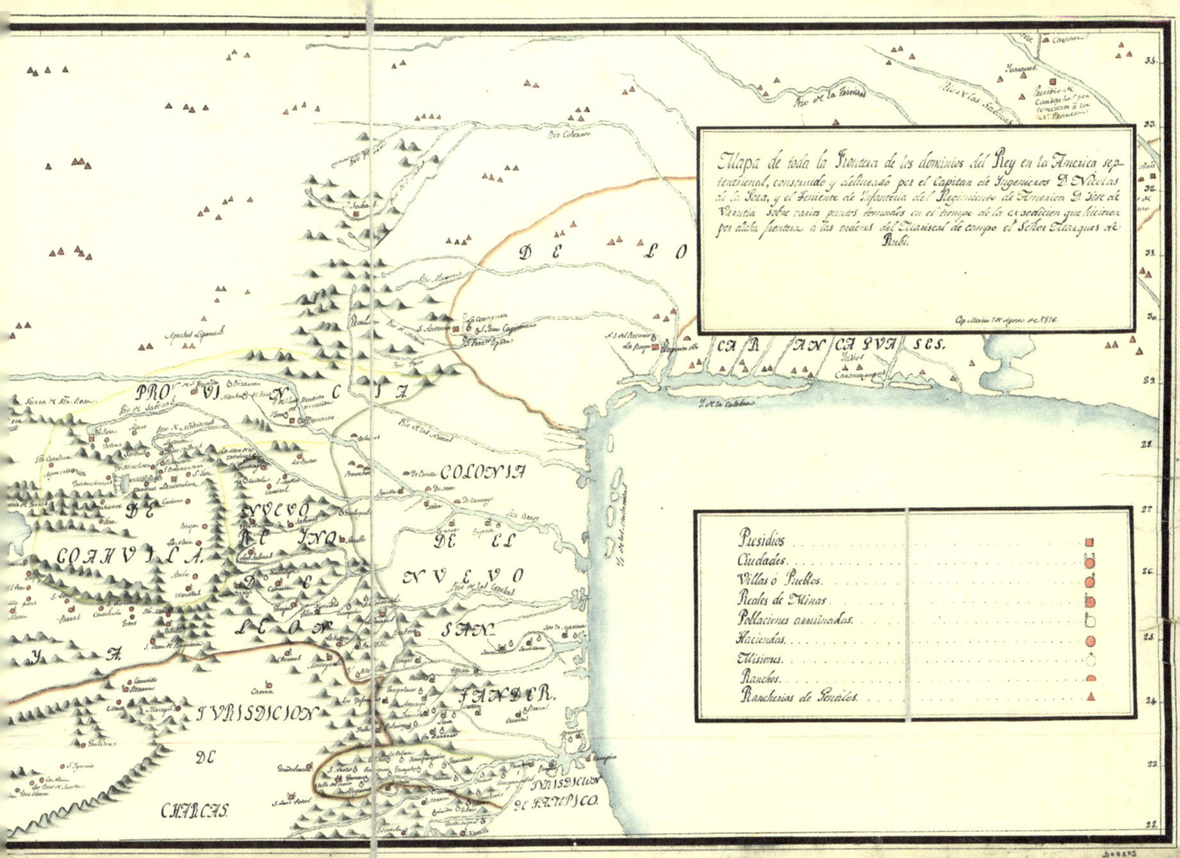

virreinales de que el uso de la fuerza y la coacción no eran aconsejables. Si se quería conseguir un efecto duradero (como así acabaría siendo), los indios debían ser atraídos a la hispanidad y al cristianismo mediante la palabra y no con la espada.

Desde mediados del siglo XVI la pacificación debía producirse de forma negociada o comprada. Comprada con los alimentos importados por España y que cambiarían por completo y para siempre el continente, comprada con las herramientas y las nuevas técnicas de producción que se llevaron desde la península y que facilitaron un salto cultural y tecnológico de varios siglos para las poblaciones locales.

Tras la pacificación se fundaron misiones, conocidas también como pueblos de indios, administradas por sus habitantes siguiendo las mismas leyes que regían las poblaciones en España. Para facilitar el asentamiento se establecían en el lugar otros indios previamente cristianizados que servían de modelo a los neófitos y ayudaban en su hispanización. En muchos casos eran los propios indios los que solicitaban la creación de una misión, ya que de ese modo se protegían contra otros pueblos mucho más agresivos que llevaban siglos esclavizándolos. Para ello había que dotar a estas nuevas poblaciones de una protección militar, un presidio de soldados que, junto a sus familias, poblaban y también defendían el territorio. Un binomio que, pese a los problemas que tuvo que afrontar, probó ser de gran éxito en la inmensa e inabarcable labor que fue la hispanización.

V. y R. P. f. Alonsso
Giraldo de Therrero
P. Apostolico, deel Colegio
dela S.ta Cruz de Queretaro: Na-
tural dela Villa d Cortegana e Estre-
madura, tomó el havito, e dh. Coleg.o
y Selosso dela Salbació delas Almas dlos
Indios Infieles, enel qual Exercicio se mã-
tuvo p. espacio d 30. a., en cuio tiépo fue eleto
Guard.n y acabada loablem.te su Guard.a volvío
alas Missiones q tiene el Referido Colegio e
la Prov.a d Texas enel qual promovio la nu-
eva Conq.ta y reduc.n delos Indios Apa-
ches. yenel Rio de S.n Saba ela Miss.n
q avia fundado, murío amanos delos
Indios Barbaros el dia 16. de Marzo
deeste a. d 1758, siendo d Edad d 60. a.
fue su muerte deel modo
q expressa el Lienzo.
POR LOS DOS COLEGIOS DE PROPAGA
fernando. a. de 1756. se promovio la nueva Reduc.n y Conq
Presidio de S.n Saba, a Orillas de su Rio: fue el promotor el R. P
deel Yllustre Cavallero D.n Pedro Terreros, de la Orden d Ca
en la nueva Reduccion quien, aun en medio dla Invasion, y
sericordi
Explicacion deel Casso p. su Abecedario.
A. Presidio de S.n Saba, su Guarnicion d cien Solados
B. Camino deel Pressidio para la Mission.
C. Rio q divide la Mission; deel Presidio.
D. La Mission, con su estacada, Ig.a y Jacales.
E. Entrada de los Indios Barbaros p.a la Mission.
F. Capitan G.l deel Exercito q pasaron d Mil.
G. Sercan toda la Mission.
H. Sale a resevirlos cō grande Amor y parla cō ell.s
Largo tiepo e Cōp.a deel P. f. Mig. Molina; y
los dh.s Barbaros, cō fraudulēta falacia pidē Paz
y le ynstā a el P. P.te valla cō ellos a el Presidio.
Y. Sale el P. P.te cō
cō la chusma d
sus armas e
dispararon ael
ledieron otro
dando sus A
su Ravia len
culo le atrvie
de la Cab.a y
J. Choq. entre l.
donde queda
p.a el Presidio

LA Sta. CRUZ DE QUERETARO, Y ESTE DE S
Apaches, el á. de 57. se puso en planta con el resguardo del
aldo de Herreros, Ayudado dela nunca aplaudida determinac
osta desu hacienda, funda todas las Missiones q se puedan pone
erable presiste enel Zelo delos dhs. Indios, D. p. su Mi
Sta. Empressa.
ado p. el Presidio
q. prevenidos con
s pazos q anduv. le
cho, ya el Soldado
os Cavall. á el Suelo
y no satisfecha
y cô su mismo Ba
itaron el Cerquito
nudarô ael Soldado.
Camino deel Presidi
los demas huieron
K. Vn Soldado valerozo q cô la Espada en la mano se de
fendio e el choq. dhs. matando much. Ind. fue atravesa
do p. el Pecho cô una Lanza dejandolo p. muerto y desm
y recobrado caminó asta la Miss. donde fue echado ael fuego; y
Salio deel milagrosamente y se Confesó para morir.
L. Defensa de los españoles desde los Jacales matando mu
M. Yncendio de la Mision.
N. Muerte deel P. Santestevan lo apelotearô y cortarô
la Cabeza y le dieron muchos Golpes.
O. Vltrage y desprec. q ysieron cô las Sta. Ymag. y destrozo de
la Div. Pereg. N. S. del Refug. Patrô. y Protectô. de sta Mis
P. P. la noche se escapar. milagrosam. los Sold. q. quedarô y las Mug
y muchach. q. p. e medio dla chusma pasaron sin ser visios.
Q. La muerte deel mayordomo le sacar. los Ojos Vivo y le desgorxarô
todo el Cuer
R. Saqueo dela Mision.
V. P. F. Joseph Sante
Steban, Pr. Apostco. deeste Co
legio de Sn. fernando. Natural de
Muniain dela Solana, Reyno de Na
varra; tomo el Havito eel Conv. d Pã
plona, dela Prov. de Burgos, en donde
Vivio como exemplar Relig. Y Zeloso
dela Salbacion d las Almas vino á este
Colegio en Mission el á. de 50. y p. su
Religiosidad, fue electo, p. la nueva
Conq. y Reduc. delos Indio Apach
y en la Mission deel Rio de Sn. Saba;
Murío a manos d los Barbaros Indi
en la Invasion q hicieron a dha
Mis. el dia 16. de Marzo
deeste á. d 1758. siendo de eda
de 40. a. fue su Muerte

coto a cualquier abuso o crueldad que se impusiera a los nativos. Algunas de esas leyes abusivas siguieron vigentes hasta hace bien poco, como señala la texana Margo Moreno: «En el estado de Texas hasta había una ley que decía que si tú te encontrabas con una persona que era apache y te sentías amenazado por esa persona, como que tu vida estaba en riesgo, era legal matar a esa persona. No tenías que decir: "Hizo esto, hizo el otro..."; solo que tú te sentías amenazado». Dicha ley fue derogada por George W. Bush quien, antes de su elección presidencial fue gobernador de Texas entre 1995 y 2000.

La población nativa en la Norteamérica anteriormente hispana descendió de forma drástica a partir de mediados del siglo XIX. En la zona dominada por anglosajones desde el siglo XVII hacía tiempo que había desaparecido casi del todo. Tal y como en 1851 expresó el primer gobernador anglosajón de California, Peter H. Burnett: «Es previsible que una guerra de exterminio vaya a continuar entre las dos razas [los indígenas y los blancos], hasta que la raza india se extinga. Aunque solo podemos contemplar ese resultado con doloroso pesar, el destino inevitable de dicha raza queda fuera del alcance del poder y sabiduría humanas».

Es difícil encontrar unas palabras más alejadas del espíritu que llevó a los padres misioneros a Norteamérica bajo el amparo y patrocinio de la Corona española. Y por ese motivo Alfonso Borrego, historiador texano y biznieto del famoso líder indio Gerónimo, sentencia: «¿Quién mató a los indios? Los ingleses, no los españoles».

El progreso americano. John Gast, *c*. 1872, Autry National Center, Los Ángeles, California.

V
El Barroco como forma de vida

PÁGINA ANTERIOR

Camarín de la Virgen de Loreto en la Iglesia de San Francisco Javier, siglo XVII, Tepotzotlán, México.

«El hispano era un mundo lleno de fiesta, de colorido. Eso es el Barroco: el exceso, los contrapuntos, los opuestos»

Úrsula Camba

El Barroco nació en Italia a principios del siglo XVII y se extendió rápidamente por Europa e Iberoamérica, donde alcanzó cotas de esplendor inigualables. En la Historia del Arte, el término «Barroco» surgió con un sentido peyorativo, como sinónimo de «grotesco» o «absurdo», en contraposición a la serenidad clásica de las artes del Renacimiento. Para los críticos, el Barroco, al alejarse con sus formas fantásticas y recargadas de la contención vitruviana de los presupuestos griegos y romanos, solo podía considerarse como una especie de excentricidad, una degeneración de las artes.

El origen de la palabra «barroco» se encuentra en la lengua portuguesa y se refería a aquellas perlas que mostraban imperfecciones en su superficie. Tal y como explica el historiador Manuel Lucena: «Una perla defectuosa, eso es lo que quiere decir en origen. No es pura, no representa un ideal de belleza. Pero es bueno que seamos un poco imperfectos. Eso nos hace humanos. Ciertamente, lo barroco como estilo literario, artístico y musical, como apelación a la existencia de una manera determinada, expresa muy bien lo que era la monarquía española».

«El Barroco no es solamente un estilo artístico —dice el historiador del arte mexicano Héctor Palhares—. Debe entenderse como una forma de vida, como una postura ante el mundo, en una atmósfera donde la vida civil y la religiosa corrían en paralelo. El paradigma español, al venir América, es promover el mestizaje, no solo étnico, sino también un mestizaje cultural. Así, en el arte aparecerán iconografías en la Virgen, en un ángel o en un querubín con fisonomías locales».

Esta idea del Barroco como algo que va más allá de lo puramente artístico es compartida por la musicóloga boliviana Raquel Maldonado: «Yo a veces reflexiono acerca del Barroco, no solamente como un estilo musical, sino como una manera de vivir». Pero ¿en qué consiste esa manera de vivir? Manuel Lucena considera que la esencia del Barroco trasciende lo humano y nos conecta con lo divino: «Uno siente la conversación con Dios, la paz del espíritu, la plenitud de la obra de arte total, la generosidad de las generaciones que nos han precedido, la ansiedad, el miedo, todo está ahí. También los límites, lo frágil que es la existencia humana».

Para el guitarrista Marcelo de la Puebla el Barroco es una suerte de armonía de contrastes que queda muy bien expresada en la creación musical hispanoamericana que nace de aquel periodo artístico: «[A menudo las letras de las canciones son terribles], tan terribles, tan trágicas... una tragedia que se canta y se baila: una tragedia festiva, una cosa de locos que solo lo entendemos nosotros, [los hispanoamericanos]». Sus palabras transmiten la idea de que el barroco fue la máxima expresión del mestizaje hispano de América. La historiadora mexicana Úrsula Camba defiende la exuberancia barroca de Hispanoamérica: «se tiene la falsa creencia de que el hispano era un mundo muy aburrido, donde lo que prevalecía ir a misa y poco más. Pero, cuando te acercas a la documentación, lo que encuentras es que era un mundo lleno de fiesta, de colorido. Eso es el Barroco. El Barroco es el exceso, los contrapuntos, los opuestos».

El Barroco: la expresión artística de Hispanoamérica

Para el musicólogo Faustino Núñez «el Barroco es el movimiento artístico impulsado por la era de los descubrimientos. Es normal que lo que venía de América estuviera impregnado de novedad, de utopía..., y hecho por españoles. [...] La conciencia era que México era una provincia de España».

Siguiendo esta línea de pensamiento, Juan Miguel Zunzunegui reivindica el Barroco como uno de los pilares de la identidad hispanoamericana: «Lo que nos hermana es hablar español, es tener una cultura hispana y es tener una tradición religiosa católica. Seas o no seas creyente. Eso es lo que nos hermana: catolicismo, español, hispanidad, Barroco».

Los elementos de americanismo en el Barroco se pueden apreciar en prácticamente todas sus manifestaciones, incluso en los aspectos más artesanales, como en la fabricación de las imágenes sacras. En este campo, y por influencia del evangelizador Vasco de Quiroga, los indígenas empezaron muy pronto a utilizar sus propias técnicas, adaptando así el Barroco a su propio mundo.

Retablo Mayor. Pintor: Miguel Cabrera. Escultor: Higinio de Chávez. Museo del Virreinato, Tepotzotlán (México).

*Pentecostés y los doctores de la Iglesi*a, Cúpula del Camarín, Santuario de Ocotlán, ciudad de Tlaxcala (México).

«En 1540 [Vasco de Quiroga] manda hacer una preciosa imagen en la técnica de pasta de caña —cuenta el sacerdote mexicano Leopoldo Sánchez—, que era una técnica que utilizaban los pueblos nativos para hacer sus deidades».

«Crearon esta técnica utilizando la caña del maíz —explica el artesano Mario A. Gaspar—, la pulpa de la caña de maíz no pesa y, por muy grande que sea la imagen, una sola persona la puede cargar. La pulpa de la caña de maíz se remoja en una mezcla y deja secar, se desata y queda bien unida, bien fuerte. Entonces, ya se puede empezar a tallar, con lijas se le va dando la forma. Después se pinta con tierras y colores naturales y queda como si fuera de porcelana. Es una técnica muy antigua que afortunadamente se sigue usando y no se perdió».

Los indios y mestizos no solo aportan sus conocimientos de artesanía, también se convierten en alarifes, pintores, arquitectos, compositores y poetas del Barroco y lo recrean con su impronta personal, dándole un aspecto mucho más rico en matices que su vertiente europea.

«Cuando hago alguna presentación —cuenta el historiador Aurelio Valarezo, quien a menudo ha hablado del Barroco en sus clases y ponencias—, a veces pongo una imagen de alguna iglesia en Sevilla como ejemplo de barroca. A continuación, siempre le pregunto a los asistentes: "¿Qué tan más barroca puede ser una arquitectura?". Cuando la gente en su mayoría está de acuerdo en que no se puede ser más barroco, les pongo una foto de la compañía de Jesús en Quito».

Triunfo de la Eucaristía. Cristóbal de Villalpando (1688-1690), cúpula del Altar de los Reyes

La Iglesia de la Compañía, llamada Ascua de Oro o Templo de Salomón de América del Sur fue la casa madre de los jesuitas de Ecuador. Según cuenta el historiador ecuatoriano Jorge Moreno: «A partir del siglo XVII comienza la construcción material de esta iglesia, una producción exorbitante y generosa de los talleres de Quito. La mano de obra que se empleó a lo largo del tiempo que duró la construcción fue mayoritariamente indígena y mestiza».

Estas grandes fábricas artísticas favorecían la creación de importantes

de la Catedral de Puebla (México).

talleres locales en los que se integraban representantes de los diferentes estratos sociales. En ellas, podías encontrar tanto a un español como a un mestizo. Esta horizontalidad en las relaciones permitió y alentó el desarrollo de las artes en Quito.

De ese modo, y según explica el historiador limeño Ramón Mujica, «en América se produjo un arte extraordinario, con sus estilos particulares, su estética propia [...]. Es decir, nadie quiere competir con Tiziano ni con Murillo; pero sí hay que reconocer que los discípulos de

UNION MADE

La imaginería quiteña
Ximena Carcelén

La escultura colonial quiteña es uno de los símbolos de la riqueza artística de nuestra ciudad. Sus hábiles artesanos, en su mayoría indígenas, manejaron con destreza la madera. Utilizaron múltiples técnicas procedentes de Europa, especialmente de España, e incorporaron materiales locales y procesos propios, visibles en los exuberantes retablos barrocos adornados con ángeles, imágenes exentas y adosadas en medio de retorcidas columnas; en las mamparas engalanadas con mascarones y figuras aladas en medio de ramas de vid y aves; en los púlpitos con sus nichos trabajados en bajorrelieve que envuelven pequeñas esculturas que complementan el mensaje evangelizador; en los altares portátiles y maravillosos belenes con escenas alusivas a la infancia de Jesús, en los que sobresalen curiosos personajes trabajados en miniatura, y en los cristos agonizantes, algunos atribuidos al indiano Pampite, cuya expresividad profunda, a más de conmover al espectador, muestran la destreza de su artífice.

La Escuela de San Andrés fue el centro del aprendizaje, los modelos llegaron a través de imágenes de bulto y por estampas grabadas. En el siglo XVII se registran ya importantes obras producidas por manos nativas, testigos del manejo estético de sus ejecutores. En la historiografía se menciona al mítico entallador padre Carlos, a Blas Cimbaña y a Pascual de Rojas como autores de cornisas, capiteles y altos relieves para la iglesia del Sagrario; a Juan Benítez Cañar, constructor de retablos para los templos de Santo Domingo y San Agustín, y a Francisco Tipán, mayordomo del gremio de escultores, quien labró el retablo mayor para la iglesia de la Compañía de Jesús, lamentablemente desaparecido.

Lo más significativo de este oficio son las esculturas, de ligero movimiento y delicada policromía, donde se amalgama el refinamiento de la creación artística con su singular decoración. Sus artífices dominaron las técnicas del esgrafiado y del estofado, utilizaron pan de oro, laminillas de plata, barnices de colores para destacar sus diseños, incorporaron mascarillas de metal y encarnes brillantes en los rostros, distintivos que las hacen únicas e irrepetibles.

En el siglo XVIII surge el nombre de Manuel Chili, Caspicara, a quien se le atribuyen un sinnúmero de imágenes de diferentes advocaciones que resumen el estudio anatómico, el cuidadoso manejo de las formas y su magistral ejecución. Otro de los grandes escultores de esa época fue Bernardo de Legarda, autor de la Inmaculada Concepción o Virgen de Quito, que se representa como una mujer apocalíptica, caracterizada por su esbelta postura, originalidad, gracia y movimiento.

La fama de la imaginería quiteña traspasó fronteras, ya que sus creadores se movilizaron dentro y fuera de la Audiencia de Quito. En los siglos XVII y XVIII se despacharon a distintos países de América y hacia España efigies de cuerpo entero, cabezas, brazos y manos que fueron ensambladas en sus destinos. Fueron obras que compitieron con otras de grandes maestros.

Detalle del *Agnus Dei*, iglesia de San Pedro Apóstol de Andahuaylillas, siglo XVI, Cuzco (Perú).

Zurbarán están en Cuzco y que un pintor novohispano como Cristóbal de Villalpando no era en absoluto un pintor de segunda categoría».

Los grandes focos de la arquitectura barroca en América se encontraron en México y Perú. Los primeros maestros llegaban de Europa trayendo las formas vigentes allí, como el zamorano Jerónimo de Balbás (muerto en Ciudad de México en 1748), que fue discípulo de Churriguera. Sin embargo, no tardó en surgir una generación de arquitectos nativos de América que recogieron el testigo de sus antecesores, como Francisco Guerrero y Torres, Miguel Custodio Durán o Pedro de Arrieta.

Algo similar ocurre en el ámbito de la pintura, en el que destacó especialmente la escuela cuzqueña por su originalidad. Sin embargo, donde antes se manifestó la riqueza y profundidad del mestizaje artístico en América fue en el mundo de la música. Tal y como expresa Marcelo de la Puebla: «El hombre americano se puso a tocar la guitarra. No solamente creó nuevas maneras de tocarla, sino que también creó nuevas guitarras que se llaman charango, tiple, cuatro, guitarrón... Y con esas nuevas guitarras creó nuevas músicas, nuevas canciones, nuevas danzas».

La cruz y la guitarra

La música europea llegó a los indígenas de América de la mano de los evangelizadores, al igual que otras tantas cosas. Hasta tal punto fue importante el papel de la música que Marcelo de la Puebla afirma que «se suele decir que la conquista la hicieron los españoles con la espada y la cruz. Yo digo que la hicieron con la guitarra y la cruz».

Entre los pioneros del mestizaje musical entre Europa y las Indias destaca la figura de Juan Pérez Bocanegra, un clérigo del ámbito franciscano que entre finales del siglo XVI y principios del siglo XVII ocupó importantes cargos pastorales en Perú. Entre ellos estaba el de párroco de San Pedro de Andahuaylillas, y él fue quien hacia 1626 encargó al pintor limeño Luis de Riaño la ejecución de los frescos de la iglesia. Este impresionante programa pictórico ha sido a menudo calificado como «la Capilla Sixtina de Hispanoamérica».

Pérez Bocanegra impulsó como mecenas toda clase de manifestaciones artísticas, pero fue en la música donde destacó. Su dominio de las lenguas indígenas, especialmente del quechua, le llevó a componer en 1631 el himno *Hanacpachap cussicuinin* (*La alegría del cielo*) que, según el historiador Rafael Aita: «Representa la joya musical más grande que tenemos en el barroco andino, no solamente para el Perú, sino en todo el continente. Fue la primera polifonía compuesta en América y no fue escrita en español, sino en quechua, algo que debería ser un orgullo para el mundo andino».

Los padres misioneros extendieron la educación musical por todo el continente. En este aspecto, los jesuitas fueron especialmente activos. La antropóloga Mary Zentella hace referencia a un texto de un padre jesuita del 1767 en el que describe coros indígenas «de mujeres y de hombres. Tenían las cuatro voces y tocaban instrumentos de cuerda de manera tan maravillosa que el padre dice que ni en Europa escuchó unos coros tan angelicales como los de la misión San José». En la misión de San José y San Miguel de Aguayo, en San Antonio (Texas), fray Antonio Margil de Jesús, el «fraile de los pies alados», compuso el poema sacro «Alabado», que llegó a ser muy popular en México.

Los misioneros utilizaban sobre todo instrumentos de cuerda para la formación musical de los indígenas, lo cual tiene sentido dado que a menudo las misiones se encontraban en lugares de difícil acceso. «No había manera de traer ni órgano ni piano para cruzar, por ejemplo, el río Bravo —explica Mary Zentella—. Así que usaban instrumentos de cuerda y algunos instrumentos indígenas. La forma en que enseñaban a los indígenas que usaban flecha y arco era que en su aljaba [caja portátil para flechas, abierta

El arcángel arcabucero
Pedro Pablo Alayza

El arte occidental ha incluido siempre en sus inventarios iconográficos la representación de ángeles y arcángeles. En el sur andino peruano surgió una variante singular en la iconografía religiosa local: el arcángel arcabucero. Provenientes de los talleres de pintura del Cuzco y del Alto Perú de los siglos XVII y XVIII, estas representaciones son consideradas como la vertiente andina y barroca del culto a estos seres celestiales en el arte católico americano.

Los tres arcángeles tradicionales reconocidos por la iglesia, cada uno de ellos con distintas características, son: Miguel, Gabriel y Rafael. El primero es conocido como «aquel que es como Dios» y se representa como soldado a la usanza romana en combate contra las fuerzas del mal; a Gabriel se le conoce como la «fuerza de Dios», y aparece particularmente en las escenas de la revelación a María; Rafael es la «medicina de Dios», en virtud de la curación de la ceguera del padre de Tobías, gracias a las vísceras de un pez. Aunque la doctrina eclesiástica oficialmente reconocía solo a estos tres arcángeles, los artistas de la época también se inspiraron en fuentes apócrifas que mencionaban a otros, como Baraquiel, Uriel, Jehudiel y Sealtiel, lo que dio origen al tema de los siete arcángeles de Palermo, representados originalmente en un fresco fechado en 1516 en la iglesia de San Ángel en Palermo (Italia).

La iconografía de los arcángeles arcabuceros fue también enriquecida por los grabados del manual militar *Ejercicio para las armas* de Jacob de Gheyn, publicado en 1607, que proporcionó modelos de posturas y armamento (mosquete, alabarda, pica), que el pintor virreinal tomó para esta novedosa representación. Así lo resalta el doctor Ramón Mujica, quien plantea que, aunque los arcángeles son personajes traídos de occidente por los españoles, el artista cuzqueño los dota de una serie de atributos que los vinculan con tradiciones locales. Por ejemplo, las plumas de los sombreros, así como sus alas, parecen referenciar tanto a los relatos míticos incaicos, que asocian el origen de las castas cuzqueñas a sus aves totémicas como el halcón, el águila o el cóndor, como a los «huaminga», los guerreros incas alados, cuyo origen se remonta a las culturas preincas.

Otra característica resaltante es el estruendo del arcabuz, arma de fuego de los conquistadores que se asoció con el sonido del trueno, que evocaba a Illapa, antigua deidad indígena que anunciaba las lluvias y fertilizaba la tierra. Así, el arcángel arcabucero se convierte en una entidad atmosférica benéfica, cuya activa participación contribuye positivamente al ciclo agrícola andino. Esta compleja hibridación de símbolos y creencias europeas y locales dio origen a una iconografía original y una creación mestiza única del arte cuzqueño.

Mural en la Escuela de música de San Ignacio de Moxos (Bolivia).

por arriba y con una cuerda o correa con que se colgaba del hombro], había algo muy valioso que tenía una flecha y era la flecha espiritual al corazón».

El violín se convierte en el instrumento estrella. Raquel Maldonado es musicóloga y directora del Ensamble Moxos, elenco especializado con el que se ha consagrado como investigadora, entregándose al rescate y difusión de música patrimonial hispanoamericana. Maldonado explica que el violín «llegó de Europa y se hizo homogéneo antes que cualquier otro; es también el que ha prevalecido hasta nuestros días. [Para los indígenas y mestizos forma parte de su cultura] Es su cultura viva, su religiosidad. Es gente que toca el violín, gente que canta en latín».

La enseñanza musical del violín se ha mantenido viva a lo largo de los siglos incluso en los lugares más remotos e insospechados del continente, siguiendo la tradición misional. En la Escuela de Música de San Ignacio de Moxos, situada en plena amazonia boliviana, los niños y niñas aprenden a tocar el violín igual que lo hicieron sus ancestros en tiempos del virreinato. Toño Puerta, profesor de la escuela, cuenta cómo empezó todo de la mano de una monja navarra, una ursulina de Lecumberri, que quiso enseñar música a un grupo de jóvenes locales: «María Jesús Echarri fundó la escuela de música. Lo que hizo fue empezar a contagiar el gusto por la música a niños y adolescentes del pueblo».

Echarri «se dio cuenta de que el riquísimo acervo cultural de aquella tierra estaba en manos de viejitos, que se iba a perder en poco tiempo, y animó a los jóvenes a sumarse a aquella escuela ahora

Puertas del órgano de San Pedro Apóstol de Andahuaylillas, siglo XVI, Cuzco (Perú).

hace veinte años. En 2003 fue destinada a otro lugar y entonces me animó a mí para que siguiera con el proyecto, que ya caminaba e iba creciendo de una manera evidente [...]. Como si fuera un guiño de continuidad a los tiempos virreinales, hicimos unas instalaciones, además, en armonía con la arquitectura misional».

«Chaqui» Teco Velasco, miembro de la escuela, indica que «fuimos catorce niños que empezamos, ahora tenemos más de cuatrocientos aquí estudiando en San Ignacio». Uno de esos alumnos fue Cacho Guzmán: «A los doce años empecé a tocar violín. En algún momento comenzó a formarse una escuela, una escuela grande, donde aparecieron más instrumentos: violines, violonchelos. Llegó gente que se interesó por la escuela y le parecía muy bonito. Además, por el lugar donde estamos, que era muy alejado».

Lorenza Limaica Javivi, profesora de san Ignacio, habla de técnicas de enseñanza que quizá no difieren demasiado de las que usaban los padres misioneros en tiempos del Barroco: «Como mis alumnos no tienen violín en casa no pueden practicar con el instrumento. Así que les dije que agarren dos palitos, uno que pongan en forma de cómo se pone el violín y otro el arco. Entonces ellos practican la forma de colocar y de agarrar el arco con ese palito y empiezan a hacerlo así».

Los alumnos de San Ignacio, que estudian música en condiciones que no son siempre las más punteras, acaban dominando la técnica de forma absolutamente profesional, igual que ocurría en tiempos del virreinato. «Dicen que esas orquestas sonaban como las mejores orquestas que podían sonar en una catedral en una corte europea —asegura Toño Puerta—, lo que

Los cantes mestizos
Juan Valderrama

Para entender el fenómeno de los cantes de ida y vuelta —en mi opinión solo de vuelta—, que son guajira, milonga, vidalita y colombiana, primero hay que atender al origen de cada uno.

La guajira y la milonga son originarios de Cuba y Argentina, respectivamente, y fueron *importados* por los artistas flamencos del siglo XIX. Más tarde, entre los años 1920 y 1930, fueron popularizados por don Antonio Chacón, el Mochuelo, y la generación posterior conocida por la Ópera Flamenca: el Niño de Marchena, la Niña de los Peines, Manuel Vallejo, Manolo Caracol, la Niña de la Puebla o Juanito Valderrama, entre otros, quienes los convirtieron en los estilos favoritos del gran público de la época.

La vidalita, por su parte, es un subtipo de milonga muy popular en el norte de Argentina donde se la conoce como vidala, mientras que la colombiana no es un cante de importación, sino una creación personal del cantaor José Tejada, el Niño de Marchena, grabada por primera vez en la década de los treinta del siglo XX.

El flamenco es un gran fagocitador de músicas. Existen varias *adaptaciones* de piezas folclóricas que han pasado a formar parte de los palos flamencos, tales como los estilos gaditanos, que en origen son jotas aragonesas. Durante la invasión napoleónica, Cádiz se convirtió en el bastión de los liberales y se presume que fue entonces cuando los flamencos comenzaron a interpretar las jotas con su propio ritmo y cadencia, dando lugar al cante por alegrías.

Con la guajira y la milonga ocurrió exactamente lo mismo. Llegaron los flamencos, se mezclaron con la población autóctona, aprendieron su folclore y, acaso sin ser conscientes de ello, crearon un territorio común, un flamenco nuevo y mestizo que retrata de manera fiel ese milagro llamado hispanidad.

Guardianes de la memoria
Raquel Maldonado

Los orígenes de la Escuela de Música de San Ignacio de Moxos se remontan a 1996, cuando una ursulina navarra, María Jesús Echarri, empezó a contagiar el gusto por la música a los niños del pueblo, consciente de que no existía relevo para los ancianos que preservaban el legado de la época misional, cuando las selvas bolivianas se convirtieron en música de la mano de los jesuitas.

En 2004 se hizo cargo de ella Raquel Maldonado, con la que se obró la transformación para convertirla en una de las instituciones artísticas de mayor prestigio de Bolivia, cuya actividad tiene reflejo internacional gracias a la visibilidad de su elenco principal, el Ensamble Moxos, integrado por profesores y alumnos destacados, que ya ha grabado ocho discos y un DVD, y cuyos espectáculos se han paseado por veintitrés países de América, Europa y África, incluyendo frecuentes participaciones en festivales de música antigua.

En 2005, gracias a las gestiones de la ONG vasca Taupadak, que acompaña a esta escuela desde que sus caminos convergieron, se inauguraron sus actuales instalaciones, que reciben a más de cuatrocientos alumnos cada año, indígenas de escasos recursos en su mayoría, a quienes se ofrece educación musical completamente gratuita y que con cada nota reivindican la identidad y la memoria del pueblo moxeño.

Cuando Raquel recaló en San Ignacio, se encontró con un puñado de niños y adolescentes como únicos aliados, algunos de los cuales son en la actualidad sus mejores compañeros de viaje, cuya mística contagia a las nuevas generaciones y mantiene el espíritu singular de esta experiencia pedagógica que contribuye al desarrollo humano de su pueblo, al que han colocado en el mapa del mundo.

da una idea de la calidad que llegaban a tener esas orquestas misionales. Los jesuitas son expulsados de toda América en 1767. Las antiguas misiones fundadas por los jesuitas son los actuales pueblos importantes del Beni: Trinidad, San Ignacio, San Borja, Exaltación, Santa Ana... Pero claro, las formas de vida cambiaron mucho. Las antiguas misiones se convirtieron en sitios insoportables para los indígenas tras la expulsión de los jesuitas. Entonces, en esa dispersión, se llevaron consigo sus violines, sus partituras...».

Dichas partituras, cuenta Raquel Maldonado, «tenían que sobrevivir al estilo de vida nómada porque ellos tienen que ir huyendo de las inundaciones, lo cual no permite que las partituras se conserven por mucho tiempo». Para evitar que se perdieran para siempre, continuamente hacían copias que iban legándose de generación en generación. «Yo conocía de la existencia de gente que tenía partituras de la época misional —relata Toño Puerta—. Entonces, Raquel y yo decidimos organizar expediciones para recuperarlas».

Esa búsqueda, según narra Raquel Maldonado, fue toda una aventura, como seguir las pistas de un valioso tesoro: «Hicimos todo tipo de viajes, por carretera en moto, en avioneta, en canoa y a pie; era una locura. Ahora lo recuerdo todo bonito, pero también recuerdo que en ese momento fue duro porque yo no estaba acostumbrada a meterme a la selva, ni al agua. Llegas a sitios donde solo viven diez, quince familias que no están conectados con la modernidad prácticamente nunca. Y entonces encuentras en medio de la selva, de

pronto, una cacha [cabaña] con miles de partituras. Para mí fue milagroso. Los indios se llevaron al hombro estas cosas que son sagradas para ellos. Y no perdonan una fiesta del calendario litúrgico que no sea celebrada, que no sea bien cantada».

Interior de la iglesia parroquial del siglo XVII de San Ignacio de Moxos, (Bolivia).

La labor de personas como Raquel Maldonado y Toño Puertas, siguiendo las huellas de los misioneros virreinales, ha permitido que mujeres como Jessica Tibusa Gualuo puedan dedicarse a su verdadera vocación: «No pensaba nunca sostenerme del arte, vivir en el arte, ser arte. Porque pienso que eso me ha formado como persona. Me ha marcado tanto. Para mí lo es todo: la docencia, el cantar, el tocar...; significa mucho porque con la música lo he tenido todo».

López-Linares y la generación 21-XXI
Jorge Sánchez de Castro Calderón

Después de asistir al preestreno de *España, la primera globalización*, intuí el nacimiento de una generación a la que denominé «generación del 21-XXI» por aquello de que su puesta de largo tuvo lugar en el año 21 del siglo XXI.

Han pasado tres años y lo que era poco más que un presentimiento se ha convertido en una rotunda certeza, pues *Hispanoamérica, canto de vida y esperanza* certifica que estos dos documentales de José Luis López-Linares han engendrado una generación que irrumpe en el campo cultural con una idea susurrada, cantada: la hispanidad fue una empresa civilizatoria fundadora de una comunidad que, lejos de haber caducado, se ha convertido en tradición.

Explicar por qué nunca hubo decadencia sino tradición es el hilo invisible que une a un grupo de pensadores de ambos lados del Atlántico acaudillados por el director cinematográfico.

El ocaso o el declive es la versión sociológica del dolor, la metáfora política del ciclo vital: nacer, desarrollarse, envejecer y morir.

El cambio de eje que propicia la generación del 21-XXI consiste en rechazar la decadencia y reemplazarla, no por el concepto antónimo de «progreso» entendido como desarrollo infinito que se pretende mensurable según criterios de razón; sino por la tradición en tanto que conjunto de usos que vencieron al tiempo.

Si el progresismo justifica la superioridad de los vivos en la falacia de que el progreso ha hecho a estos mejores que los muertos, la costumbre ofrece un

juez imparcial, esto es, el paso del tiempo que demuestra lo que ha permanecido y lo que no.

El valor de la tradición no necesita ser demostrado por medio de la lógica, pues le basta con su antigüedad, que en términos políticos es la suprema verificación democrática: si el pueblo ha conservado el uso, será porque le conviene.

Así, la película que motiva este libro nos enseña que la hispanidad es el modo en que el grupo humano conocido como los hispanos entiende y aplica los principios universales o la ley natural, lo que pone en evidencia que su manera de hacerlo ha sido una historia de éxito por la simple razón de que su forma de ser perdura hasta hoy.

Por todo lo anterior, podemos decir que López-Linares y su grupo son los renovadores de la hispanidad gracias a la acumulación de un capital simbólico que tiene como misión volver a dar forma —*re-formatio*— a lo que la había perdido, víctima de la leyenda negra primero, y de la estadolatría particularista después.

Un proceso regenerativo que lleva de suyo la redención o el rescate de una experiencia de vida repudiada incluso por los propios.

En la gira de presentación de *Hispanoamérica, canto de vida y esperanza,* el director abría un coloquio después de la exhibición de la película.

Una constante del público era preguntarle si su obra artístico-cultural encerraba una propuesta política. López-Linares rehuía una respuesta directa. Yo le ofrezco la siguiente: la ilusión de conformar un gran espacio donde vivir civilmente como hispanos.

Todo un reto político para la generación del 21-XXI.

Códice del Trujillo del Perú, realizado por el obispo Baltasar Jaime Martínez Compañón

Hispanoamérica, tierra de sones

La introducción de la música del Barroco europeo en tierras novohispanas y su encuentro con los ancestrales ritmos vernáculos produjo una explosión de nuevos sonidos puramente mestizos. Marcelo de la Puebla destaca, por ejemplo, la folía, un tipo de canto popular al que describe como «seña de identidad de la música española». En palabras del artista Faustino Núñez: «La folía te permite, además, cantar con un texto que se entienda... "Vida mía. Como te quiero. Eres lo más bonito, que hay en el mundo. Yo sin ti, no puedo vivir. Ven aquí, por favor...". Claro, la folía te dejaba hacer eso. Y eso es una aportación puramente barroca».

Marcelo de la Puebla señala otro ritmo americano de raíz mestiza: «La habanera es una música y una canción nacida en algún lugar entre Cádiz y la Habana». Para Faustino Núñez, «la base del pasodoble es una habanera. Hay una guajira que dice: "La naranja es amarilla y el limón color de caña y en medio de las Antillas está el corazón de España". Nuestro zapateado, el del flamenco, tiene mucho de americano».

«Se zapatea en todos los bailes hispanoamericanos desde México hasta Tierra de Fuego —señala Marcelo de la Puebla—. Y en España se zapatea solo y exclusivamente en el flamenco. El maestro Caitro

entre los años 1782 y 1785.

Soto fue un bailador de zapateado que fue el que le dio a conocer el cajón a Paco de Lucía». Este relato es corroborado por el músico Willy Terry, quien cuenta que «Paco ve el cajón y le pregunta a Caitro y Caitro le ofrece uno, pero a la vez Paco le compra otros más que se los lleva a España. Y así se introduce el cajón ya como parte del formato de la música flamenca».

Para Faustino Núñez es completamente lógico que el cajón acabase por convertirse en un elemento indispensable de la música flamenca a diferencia de otros: «Es un instrumento peruano. La darbuka árabe y el sitar indio también se han intentado meter en el flamenco, pero no han cuajado. ¿Por qué? Porque el flamenco es una música muy alejada de esas otras músicas, está mucho más cercana estéticamente a la soledad del Perú [...]. Negarle al flamenco su americanidad es darle la espalda a la realidad [...]. Es la historia de la hispanidad en seis cuerdas».

La folía, la habanera, el flamenco, el fandango... sones diversos pero unidos por un mismo nexo en común: América. Tal y como resume el cantante español Juan Valderrama: «Allí se produce en América una mezcla de folclore autóctono de todas las culturas, de todos los pueblos, que llegaron a poblar esas tierras; allí se produce lo hispanoamericano, una identidad social, una identidad también musical. Ahí es donde están englobados los cantes de ida y vuelta, que a mí me gusta llamarlos cantes americanos».

K
Z
F

VI
Arar en el mar: la guerra civil del imperio

PÁGINA ANTERIOR

Entrada en la ciudad de Quito de las tropas españolas remitidas por el virrey del Perú en 1809. Francisco Javier Cortés (atribuido), Museo de América (Madrid).

«He arado en el mar y he sembrado en el viento»

Simón Bolívar

El dominio español en el Nuevo Mundo se prolongó a lo largo de tres siglos. Ninguno de los diferentes países de América ha alcanzado todavía esa cifra como nación independiente y, en la mayoría de los casos, todavía están lejos de ello. Cuando Cortés llegó a México, la Triple Alianza (lo que comúnmente conocemos como Imperio Azteca) solo llevaba siendo una potencia hegemónica en la región desde poco más de un siglo antes. El Tahuantinsuyo, o Imperio incaico, ni siquiera había cumplido cien años de existencia cuando Pizarro y sus hombres atravesaron sus fronteras.

Si bien la duración del Imperio español no está entre las más dilatadas de la historia, sí que supera a otras experiencias imperiales como la británica, la mongola o la macedónica de Alejandro Magno. El único imperio europeo que se mantuvo vigente más tiempo que el español fue el romano, incluyendo sus manifestaciones medievales: el Sacro Imperio germánico y el Imperio bizantino. Durante esos tres siglos de presencia en América se creó una cultura mestiza única en el mundo que produjo un riquísimo acervo que se manifiesta aún hoy en todos los lugares de Hispanoamérica.

La ciudad de disposición urbana en modo cuadrícula que se crea y desarrolla en Hispanoamérica a partir de la década de 1530 se nutre del Renacimiento europeo. Tratadistas italianos como Filarete y León Bautista Alberti habían teorizado a menudo sobre cómo debía ser la urbe ideal del humanismo, pero sus tesis solo pudieron articularse y manifestarse en su plenitud en las vastas tierras de América, en lugares como Santa Fe de Bogotá, La Habana en Cuba o Antigua en Guatemala.

El auge del urbanismo humanista en América se vio impulsado por distintos factores. Uno de ellos, no poco importante, fue el hecho de que la Corona abordó la expansión en el Nuevo Mundo como una empresa constructiva. «La primera vez que se menciona el concepto de la conquista —dice Adelaida Sagarra— es en 1518, en el caso de México. Mucho tiempo después, en 1573, Felipe II dirá: ya no vamos a hablar de conquista, vamos a hablar de poblamiento. Es preciso seguir explorando e incorporar nuevos territorios, pero es preciso hacerlo pacíficamente. Primero van a ir los evangelizadores y solo después, si hace falta, van a avanzar los soldados. [...] Con esto se muestra la modernidad de la fórmula de no entrar directamente a sangre y fuego. [...] Avanzan las instituciones castellanas, la vida "normal" en las ciudades fundadas, pasan las familias...».

Esa política conlleva una gran inversión en infraestructuras que se manifiesta de manera visible en las urbes de América: «Cuando México se independiza —explica Marcelo Gullo—, era mucho más importante que Estados Unidos. La ciudad de México solo era equiparable a la ciudad de Londres o la ciudad de París, el subdesarrollo de México viene después». Tanto la Corona como las órdenes religiosas invirtieron mucho dinero en infraestructuras que mejoraran la calidad de vida de los residentes americanos.

Vista aérea de Patzcuaro (México), marzo de 2023.

«La ciudad de México fue en su momento la ciudad más rica del mundo —apunta Mamela Fiallo, quien de paso señala a Quito como una de las ciudades que se beneficiaron de la época virreinal—: se aprecia en esta ciudad la riqueza que había porque se ve en sus paredes, se ve en cada piedra, se ve en el arte quiteño, que es tan infinitamente rico tanto en recursos como en imagen. [...] Al día siguiente de la fundación de Quito se funda la Academia Nacional de Arte y Ciencia; eso muestra la diferencia entre un imperio depredador, como fue el británico, y un imperio generador como fue el español».

También en Quito, en 1565, se erige casi de inmediato el Hospital de la Misericordia que, según indica el historiador Jorge Moreno, funcionó hasta 1974 «ininterrumpidamente». Lo mismo ocurre en México, donde, tal y como cuenta Guadalupe Jiménez Codinach, «se funda un hospital gratuito para toda la población, el Hospital de Jesús. Hasta la fecha, atiende a la población. Es el más antiguo del continente americano».

La existencia de estas instituciones se debe, según el hispanista Gonzalo Gómez, a «una verdadera preocupación por reintegrar al enfermo en la sociedad. Claro, el que podía costearse el médico que le visitaba en su casa sí, pero el que no podía tenía que ir al hospital».

La presencia española en América también aportó otros legados menos tangibles pero igualmente trascendentes. Tal y como explica Alejandro Rodríguez de la Peña, «las leyes de Indias son un monumento de la civilización, sin duda porque tienen el legado jurídico romano [...]. El derecho romano es un monumento maravilloso. [Las leyes de Indias] son el fruto de esa síntesis maravillosa entre la tradición cristiana medieval y el derecho romano. Es una legislación que desde el punto de vista de la dignidad de la persona resulta mucho más avanzada que cualquier otra anterior en ningún otro lugar del mundo. Es un algo de lo cual creo que podemos sentirnos muy orgullosos, sin duda».

El oro de América

El esplendor de las grandes ciudades virreinales no surgía de la nada. Era imprescindible el talento y, sobre todo, el dinero, para poder forjarlo.

Cuenta Mamela Fiallo que Quito «es justamente la ciudad más hermosa porque es la que más ha preservado sus raíces hispanas. Es impresionante y rompe este gran mito de que (los españoles) se llevaron todo el oro, porque se puede ver todo el oro plasmado en sus paredes... Es realmente impresionante, fue una ciudad hecha con tanto amor y con tanto detalle, con tanto empeño de unir el presente y el futuro... De hecho el himno de Quito dice: "*Porque te hizo Atahualpa eres grande / y también porque España te amó / ¡oh, ciudad española en el Ande! /¡oh, ciudad que el incario soñó!*"».

El expolio de las riquezas de América es una acusación recurrente que pesa sobre la época virreinal. Se basa en la idea de que la Corona española saqueó las riquezas del Nuevo Mundo para sus propios intereses, lo cual sumió al continente en un estado de pobreza crónica cuyas consecuencias aún impiden que las diferentes naciones de Hispanoamérica puedan alcanzar su potencial. Como explica Carmen Iglesias, a los mestizos americanos les «habían contado de pequeños que los españoles habían matado a todos los indios y se habían llevado el oro». Sin embargo, según la historiadora y académica española, cuando estos mestizos crecían, veían las iglesias, las catedrales y demás muestras de riqueza en las ciudades americanas y, al mismo tiempo, se daban cuenta de que si hubiera ocurrido un genocidio contra la población nativa ellos mismos, como mestizos, no existirían.

El hispanista mexicano Juan Miguel Zunzunegui rebate esa argumentación: «¡Que devuelvan el oro! ¿Dónde está el oro que se robaron? Siempre les digo: mira a tu alrededor. Quinientas ciudades, puertos, catedrales, colegios, universidades, pueblos, minas...».

Para Guadalupe Jiménez Codinach, el asunto del «oro de América» y toda la polémica que acarrea es en gran parte fruto de la desinformación y la falsedad: «Quisiera recordar una frase del ilustrado francés Voltaire: "Decimos una necedad y a fuerza de repetirla, acabamos creyéndola". Hay muchas cosas que no tienen fundamento y, sin embargo, se repiten hasta el grado que las creemos y las distribuimos. Una de ellas es que durante trescientos años España saqueó de todo el mundo hispanoamericano metales y bienes provocando la pobreza y la miseria de todos sus habitantes. Es falso».

En el caso específico de México, más que el oro lo que abundaba era la plata. De hecho fue, desde el siglo XVI, uno de los primeros productores de plata. «Nuestro mundo —expone Jiménez Codinach— no era el mundo del oro; había, pero no tanto. Si tú caminas por las ciudades y pueblos de toda esta vasta república hoy mexicana, adonde vayas verás todo lo que se construyó, todo lo que se hizo con esa plata. No toda se fue [...]. Si tú vas a cualquier pueblecito de nuestra nación verás la iglesia, el ayuntamiento, las escuelas... muchas de estas construcciones son de la época virreinal. Todo eso se hizo con la plata de aquí».

Cuando un territorio es rico en recursos y están bien administrados, esto suele traducirse en forma de prosperidad, paz y estabilidad. Este panorama bien podría aplicarse a los dominios virreinales de América, tal y como defiende Alejandro Ruiz de la Peña: «En la América española hay trescientos años de paz. No hay [nada parecido a] una Guerra de los Treinta años, como en Europa. No hay guerras de religión. La inquisición apenas opera, es casi irrelevante, al final incluso anecdótica... La psicosis y el recelo entre católicos y protestantes no se da apenas en América».

Carlos III, cazador. Francisco de Goya, *c.* 1786, óleo sobre lienzo.

El fin de los virreinatos

Para Rodríguez de la Peña, «probablemente las repúblicas independientes americanas supusieron un retroceso desde el punto de vista de los indígenas. No hablo de los criollos, sino de los pueblos nativos americanos. Por eso apoyaron a la causa del rey».

Después de cerca de tres siglos de dominio hispánico, a lo largo del siglo XIX comenzaron los procesos de independencia de las naciones de Hispanoamérica. En el siglo XVIII, durante el reinado de Carlos III (1749-1788), el Imperio español en América había alcanzado su cénit de extensión, con unas fronteras que abarcaban desde la Tierra del Fuego hasta California. América estaba en

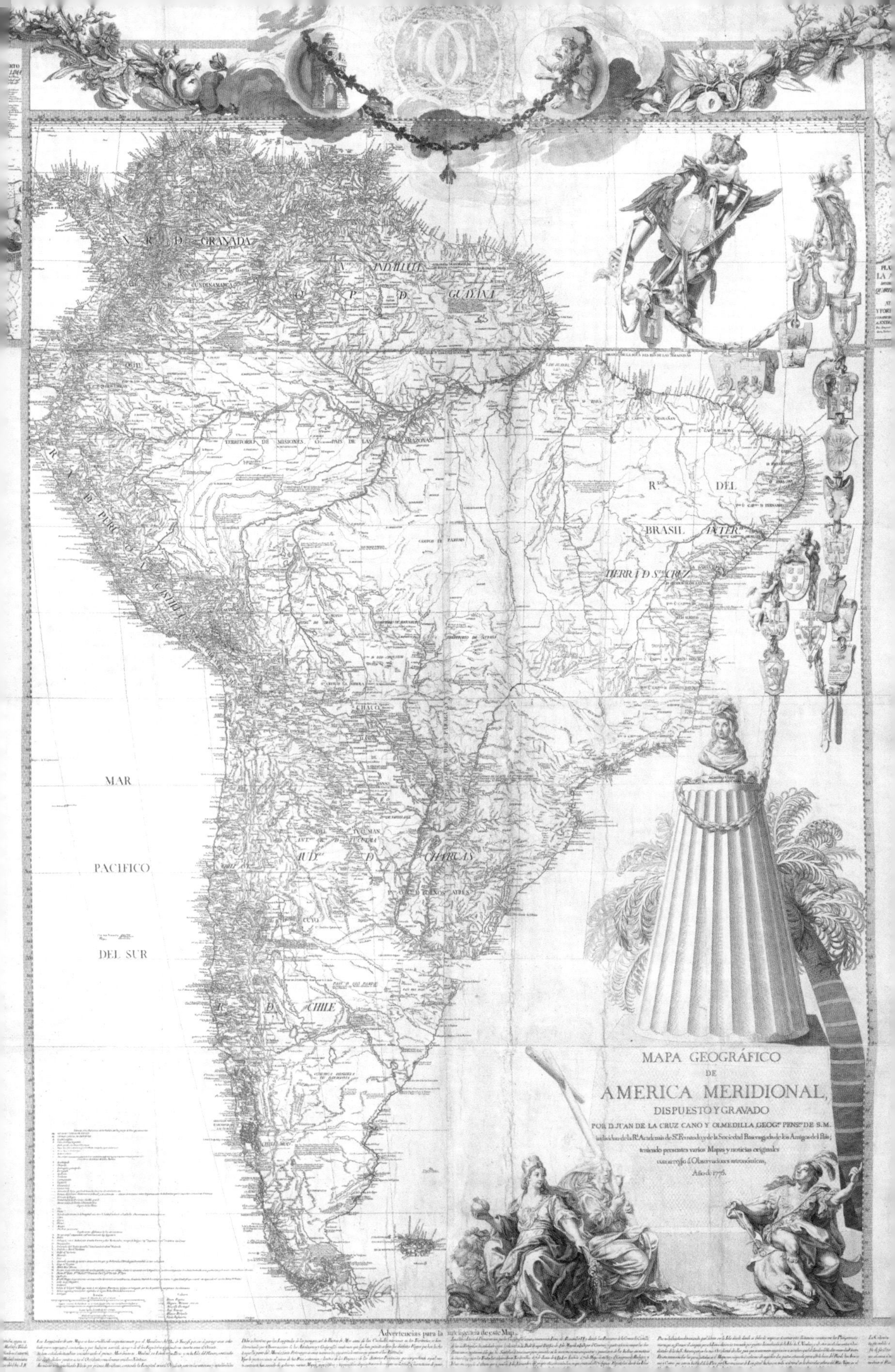
MAPA GEOGRÁFICO
DE
AMERICA MERIDIONAL,
DISPUESTO Y GRAVADO
POR D. JUAN DE LA CRUZ CANO Y OLMEDILLA, GEOGr. PENSDO. DE S.M.
teniendo presentes varios Mapas y noticias originales
con arreglo á Observaciones astronómicas,
Año de 1775.
MAR
PACIFICO
DEL SUR
GRANADA
GUAYANA
TERRITORIO DE MISIONES
AMAZONAS
DEL
BRASIL
CHACO
CHARCAS
CUYO
CHILE
Advertencias para la inteligencia de este Mapa

MINIMA
DONAVIT ILLI NOMEN QVOD EST
CÆLI ENARR
A SOLIS ORTV VSQVE AD
NON NOBIS
DOMINE
NON NOBIS
Psal. C.XIII.

SOCIETAS JESV.
…R OMNE NOMEN.
Paul. Philip. C. II
Ps. XVIII V. 2
…GLORIAM DEI.
…OCCASVM LAVDABILE NOMEN DOMINI.
Ps. CXII. V. 3.
GLO RIAM DEI.
SED NOMINI TVO DA GLORIAM.

Mural de la historia del Cuzco, con el personaje de Pachacútec (en el centro), como iniciador y organizador del Tahuantinsuyo; mural por Juan Bravo para la municipalidad del Cuzco (Perú), 2009.

paz y era una tierra próspera, y desde la metrópoli políticos ilustrados como el conde de Aranda hacían planes para conceder la independencia a esos territorios de forma orgánica y escalonada, sin rupturas traumáticas que pongan fin al hermanamiento de ambos hemisferios. Entre esos proyectos pacíficos se contempla la posibilidad de convertir los virreinatos en principados gobernados por infantes españoles. Manuel Godoy, en sus memorias, explica que la idea era que dichos infantes «se hiciesen amar allí, que llenasen con su presencia la ambición y orgullo de aquellos naturales, que les acompañasen un buen consejo con ministros responsables, que gobernase allí con ellos un Senado, mitad americanos y mitad españoles, que se mejorasen y acomodasen a los tiempos las leyes de las Indias, y que los negocios del país se terminasen y fuesen fenecidos en tribunales propios de cada cual de estas regencias». Para los ilustrados de la Corte española era factible y deseable convertir la América virreinal en una suerte de Commonwealth hispana en la que los distintos territorios, alcanzada su madurez política, gozaran de independencia administrativa, aunque manteniendo intactos los profundos lazos históricos y culturales que se habían forjado durante los últimos siglos.

Sin embargo, apenas unas décadas más tarde de la elaboración de estos proyectos, durante el reinado de Fernando VII (1813-1833) el Imperio español dejó de existir de forma violenta, entre guerras y rebeliones, cortándose esos lazos

¿Aró en el mar Bolívar?
Aníbal Romero

El 9 de noviembre de 1830, pocas semanas antes de su muerte, Simón Bolívar remitió una carta al General Juan José Flores, presidente del Ecuador, en la que dijo: «Usted sabe que yo he mandado veinte años y de ellos no he sacado más que pocos resultados ciertos. 1.° La América es ingobernable para nosotros. 2.° El que sirve una revolución ara en el mar. 3.° La única cosa que se puede hacer en América es emigrar. 4.° Este país caerá infaliblemente en manos de la multitud desenfrenada, para después pasar a tiranuelos casi imperceptibles, de todos colores y razas. 5.° Devorados por todos los crímenes y extinguidos por la ferocidad, los europeos no se dignarán conquistarnos. 6.° Si fuera posible que una parte del mundo volviera al caos primitivo, este sería el último período de la América».

En general, los historiadores hispanoamericanos han restado importancia a estas afirmaciones, atribuyéndolas a los efectos de la enfermedad o a una justificada decepción, producida por las intrigas de sus enemigos. Lo cierto, no obstante, es que son el punto culminante de reflexiones que invadían el espíritu de Bolívar desde hacía tiempo, en especial a partir de la batalla de Ayacucho y la consolidación de la independencia. Tales consideraciones, caracterizadas por el cuestionamiento de los resultados de las revoluciones contra España, así como por el pesimismo sobre el porvenir de las repúblicas recién emancipadas, marcan el tono de la correspondencia de Bolívar entre los años 1825 y 1830 y son esenciales para evaluar su carrera.

Las cartas ponen de manifiesto que Bolívar concluyó que había fracasado en sus principales empeños. ¿Era tal percepción equilibrada y justa? Bolívar se propuso tres objetivos: independizar a Hispanoamérica de España, reemplazar las instituciones creadas por el Imperio español por otras capaces de garantizar estabilidad y prosperidad a las nuevas naciones y, por último, paradójicamente,

restablecer la unidad que existía bajo el imperio a través de iniciativas como la Gran Colombia y el Congreso de Panamá. En cuanto a lo primero, Bolívar tuvo un éxito que él mismo llegó a desestimar. En cuanto a sus otros objetivos, el fracaso fue inequívoco, y Bolívar pudo comprobarlo aún en vida. Sus titánicos esfuerzos por crear estructuras institucionales viables y estables fueron vanos, y la longeva, aunque mellada, unidad imperial se desintegró.

No obstante, la autocrítica de Bolívar no fue ni es estéril. Comprenderla tiene para nosotros, los hispanoamericanos y españoles de hoy, el significado de un estímulo, de un incentivo para medir lo mucho que perdimos y para procurar recuperarlo, valorando lo que fuimos y lo que debemos ser: un cuerpo histórico orgulloso de su pasado y comprometido con un destino común de unidad y libertad. En este orden de ideas, la autocrítica de Bolívar revela que puede existir heroísmo en el fracaso, pues exige valor reconocer los logros y los reveses y asumirlos para avanzar.

de manera sangrienta y feroz, como en una lucha fratricida. «Es una guerra civil entre españoles —asevera el historiador Dalmacio Negro sobre los procesos de independencia en Hispanoamérica—, porque no era contra España. Era contra los españoles que defendían allá España, que podían ser nacidos allí».

¿Cómo había sido posible que se llegase a esa traumática ruptura que tan cuidadosamente se intentó evitar durante el siglo XVIII? Para Alejandro Rodríguez de la Peña, hay un origen bastante claro en lo que ocurrió durante las primeras décadas del siglo XIX en América: la expulsión de los jesuitas del continente, decretada por Carlos III en 1753 bajo la acusación de conspirar contra el gobierno de la Corona.

«Un desastre. Un desastre absoluto —dictamina Rodríguez de la Peña—. Un drama, un drama para la hispanidad. Fue la amputación de, podemos decir, el cerebro de la hispanidad. Pero sobre todo fue irreparable más allá del papel espiritual que cumplían los jesuitas en el siglo XVIII. Yo creo que lo que perdía España fue una mente pensante en el fondo. La dejó vendida, a merced de las ideas ilustradas francesas porque ya no había quien pudiera dialogar de igual a igual con ellas. [Los jesuitas eran] la intelectualidad católica más sólida. [Su expulsión y posterior disolución de la orden] fue un drama absoluto del cual yo creo que la hispanidad no se recuperó».

Esta tesis es compartida por varios expertos como Guadalupe Jiménez Codinach, quien piensa que la cultura

hispanoamericana tiene una deuda con la Compañía de Jesús: «Les debemos mapas, les debemos muchísimas aportaciones científicas. Por ejemplo, diccionarios, gramáticas... Eran muy queridos en la nueva España. Eran los maestros de cantidad de personas, de las familias más importantes... [Hasta que un 24 de junio], en la noche, se presentan en todos los colegios e iglesias jesuitas a decirles que tienen tantas horas para irse

¡Qué Valor! Desastres de la guerra. Francisco de Goya (estampas y dibujos, 1810-1815).

con lo puesto: su libro de oraciones y una muda. Todos van para el puerto de Veracruz. Van a ser expulsados. Son, creo, 678 jesuitas expulsados de la Nueva España. El golpe para la población es durísimo. Hay intentos de no permitir que se los lleven en Guanajuato, en San Luis Potosí... Si ustedes tienen el cuidado de hacer un mapa marcando dónde fueron defendidos los jesuitas por las poblaciones, verán que las batallas más importantes de nuestra guerra de independencia están en las mismas zonas que defendieron a los jesuitas. Los dirigentes insurgentes, durante todas las etapas de la guerra de independencia [mexicana], piden el regreso de los jesuitas. Todos lo piden. Las cortes de Cádiz también piden el regreso, porque hay 78 diputados americanos en ellas. Eran muy amados de la población, eran sus maestros. Pero hay otra cosa extra. Muchos de esos jesuitas tenían una red de parientes muy importantes, científicos, hacendados, profesores, abogados; que están en contacto con ellos».

Según explica Ramón Mujica: «Carlos III expulsa a los jesuitas, quienes de alguna manera eran los padres espirituales de la nobleza inca y los que se habían encargado de su instrucción política y religiosa». Para él, esta expulsión está directamente relacionada con los primeros estallidos rebeldes en América protagonizados por las élites entre finales del siglo XVIII y principios del XIX: «Y lo curioso aquí es que los caciques indígenas no pretendían volver a la edad de las idolatrías. Esto es algo que los indigenistas contemporáneos no entienden. Ellos creen que Túpac Amaru y todos los grandes líderes indígenas andinos del siglo XVIII quieren retornar a la época de los incas antes de que llegaran los españoles. No es así. La edad de oro no es la edad de las idolatrías. La edad de oro es la edad de Carlos V. Cuando Carlos V les otorga títulos nobiliarios y les permite formar parte de un imperio católico, religión con la cual ellos se identifican profundamente».

A principios del siglo XIX la situación en España se vuelve inestable a consecuencia de la invasión napoleónica. Hispanoamérica también se resiente de estos acontecimientos: «Nadie se esperaba que la monarquía, tanto Carlos IV como Fernando VII, de pronto, regalara la nación a Napoleón —dice Dalmacio Negro— a cambio de unas pensiones... y no sé qué más cosas».

Según el historiador venezolano Aníbal Romero, «España estaba viviendo uno de los períodos más dramáticos de su historia y por lo tanto estaba muy debilitada y sus enemigos desde luego se aprovecharon». «El que los reyes fuesen a Bayona —señala Carlos Leáñez— y se arrodillaran ante Napoleón genera en América una supuesta protección de los derechos de Fernando VII, en todos los territorios del continente».

Cuando los ejércitos napoleónicos invadieron la península ibérica sentando en el trono al rey títere José Bonaparte, en la ciudad de Quito se reúne un gobierno ejecutivo formado por criollos intelectuales que en 1809 emiten un acta de independencia. El historiador ecuatoriano Francisco Núñez del Arco llama la atención sobre un aspecto de dicho documento: «¿Qué dice el Acta de Independencia de Quito? Juramos lealtad a nuestro legítimo soberano, el rey don Fernando VII, y vamos a gobernar en su nombre hasta que retome el poder en España o venga a imperar en América». «Pero eso era mentira —matiza Carlos Leáñez, refiriéndose a la declaración de lealtad al rey Borbón— Es decir, lo que querían [los criollos] era desplazar a las autoridades formales y después hacerse ellos con el poder en combinación con potencias foráneas».

Para Aníbal Romero está claro que «los blancos criollos se lanzan a la revolución de independencia porque, como también decía Bolívar en la carta de Jamaica: "Queremos la tiranía activa y doméstica. Queremos mandar nosotros". El pueblo llano, los mestizos, los pardos, se sentían

Retrato de Túpac Amaru II. Anónimo, *c*. 1784-1806. Es la imagen más antigua de este rebelde indígena.

protegidos por la Corona española. Sus explotadores eran los blancos criollos».

Fernando VII recuperó el trono en 1813, pero las ambiciones de los criollos americanos por crear estados independientes no se vieron mitigadas. Tras esa aspiración se ocultaban a menudo intereses que no siempre tenían que ver con autoproclamadas ansias de libertad o la lucha contra la tiranía de la Corona. Marcelo Gullo cuenta que «cuando viene la Revolución francesa empieza a decir: "Bueno, pero el tema es que la propiedad privada es más linda que la propiedad comunal, porque si todo es propiedad privada, nos podemos quedar con la propiedad comunal". Ahí está la clave de todo: la independencia es el artilugio para que los criollos puedan justificar: "Ahora nos vamos a quedar con toda la tierra comunal de los indios"».

Palacio de Justicia de Caracas (Venezuela).

A partir de 1813 los conflictos americanos se radicalizan hasta que estalla una serie de enfrentamientos armados entre quienes desean la independencia y los leales a la Corona, que reciben el nombre de realistas. Entre estos últimos hay un gran número de nativos americanos. «Muchísimos batallones de los ejércitos reales estaban conformados por indios y negros que sabían que la alternativa iba a ser mucho peor para ellos», explica Aníbal Romero.

Entre los líderes insurrectos figura en un papel destacado Simón Bolívar, auténtico líder e inspirador de las independencias de numerosas naciones hispanoamericanas como Colombia, Venezuela, Perú, Bolivia o Panamá. Para Aníbal Romero, «Bolívar era un caudillo formidable. Él es la revolución».

Los proyectos políticos de Bolívar son radicales y en ellos no entran los nativos americanos, tal y como explica Francisco Núñez del Arco: «Bolívar lanzó al peonaje, a la miseria, a millones de indios españoles que antes tenían la legitimidad de sus tierras. Como dictador de Colombia decreta la anulación de todas las tierras comunales indígenas en todo el territorio de lo que actualmente son Ecuador, Colombia, Panamá y Venezuela». Valarezo ofrece la clave de esta decisión: «Se produce un cambio radical entre el régimen virreinal y la República a causa del cual, en realidad, los indígenas terminan quedando desprotegidos y desamparados».

Las expropiaciones de tierras afectan no solo a los más humildes, sino que también alcanzan a la nobleza americana de sangre nativa, tal y como señala Rafael Aita: «Simón Bolívar termina con el alferazgo real de los incas. Les quita los títulos nobiliarios, pierden todos sus privilegios e incluso les expropia sus tierras».

El motivo, según Ramón Mujica, era que «él decía que en una república no podían existir diferencias sociales y nobiliarias entre los ciudadanos. Pero en realidad esa aristocracia republicana sigue en pie. Los criollos siguen siendo nobles y más bien fueron los incas los que se llevaron la peor parte en este proceso emancipador».

Para Carlos Leáñez la misión que se impone Bolívar es la de «desespañolizar y crear un nuevo orden desde cero, sin tener ningún tipo de esquema político que suplantara esa mezcla de catolicismo y corona». Bolívar destruye el régimen virreinal sin tener «la manera de hacer permanecer juntos los pedazos». Lo cual supone, a la larga, el fracaso del gran proyecto que había forjado en su imaginación sobre una Gran Colombia que, a imitación de Estados Unidos de América, albergara a todas las naciones de los extintos virreinatos. Pero él mismo se da cuenta de que sus esfuerzos son baldíos:

«Eso está muy elocuentemente plasmado en sus cartas, que son muchas y que nadie lee —señala Aníbal Romero—. Porque ve que la revolución que llevó a cabo fue una revolución terrible. He arado en el mar». «Yo pienso que no solo ara en el mar—apostilla Carlos Leáñez—, sino que genera una tierra yerma».

Los procesos independentistas de Hispanoamérica liderados por una élite criolla superada por sus propias ambiciones políticas y llevados a cabo de espaldas —y a menudo en contra— de la población indígena americana tuvieron para el historiador venezolano Aníbal Romero una única consecuencia, la cual resume con estas palabras: «La revolución hunde la América hispana en tiranías, dictaduras, despotismo, atraso, anarquía, caudillajes... hasta el día de hoy. Hasta el día de hoy».

VII
Un futuro compartido

PÁGINA ANTERIOR
Vista aérea de la Plaza de Armas, Cuzco (Perú), junio de 2023.

«*No sabemos quienes somos si no conocemos América*»

Carmen Iglesias

Desde el punto de vista cronológico, suele establecerse el fin del dominio virreinal en 1833. Con la muerte de Fernando VII se asume que la Corona renunciaba a cualquier intento de recuperar el dominio sobre los extintos virreinatos, aunque España todavía mantuvo el control sobre algunos territorios americanos unas décadas más.

El comienzo de la andadura de las naciones hispanoamericanas estuvo marcado por el conflicto y la división. «Divide y vencerás —dice Dalmacio Negro—. La fuerza del estado totalitario es consolidar individuos: "Lo que me interesa son individuos, el individuo aislado me obedece, porque además desconfía del otro"».

Para el historiador venezolano Carlos Leáñez, uno de los principales problemas de los procesos independentistas americanos reside en que partieron de la ruptura con lo anterior. Fueron procesos destructivos y no constructivos: «Al final [de la etapa virreinal] tenemos un territorio sin pestes, sin enfermedades, sin pandemias locales; tenemos un territorio en plena expansión económica, plena expansión demográfica, con todos los indicadores en luz verde y, sin embargo, irrumpe un factor de destrucción. Ahora, ese factor de destrucción irrumpe solamente porque aquellos que lo propulsaron, que eran pequeñas oligarquías locales en combinación con poderes internacionales como Inglaterra, que lo que buscaban era desplazar a la Corona española».

Para Leáñez, la Corona era «una especie de *software* político que estaba funcionado a las mil maravillas, generaba

Espectáculo callejero frente a la catedral de Ciudad de México, marzo de 2023.

verdadera adhesión por parte de la población. Entonces, estos iluminados rompen con eso y generan un desquiciamiento antropológico». Siguiendo esta tesis, el historiador venezolano defiende que las guerras de independencia en América, nacidas de la ruptura y de la división al basarse en la idea de borrar el pasado español de América, tuvieron una consecuencia totalmente contraria a la deseada: «Su saldo no fue la independencia, sino una dependencia muy aguda».

Las naciones resultantes nacieron debilitadas. Diversos intereses extranjeros fomentaron los enfrentamientos entre ellas y contribuyeron a crear una leyenda negra virreinal cuyo objetivo consistió en borrar el pasado común y, por lo tanto, su propia identidad. Las consecuencias negativas perduran hasta nuestros días: «Somos una civilización que no despega porque se niega a sí misma —asevera Juan Miguel Zunzunegui—, y que se niega a sí misma porque nos contamos la versión de la historia que contaron los ingleses. No podemos vivir con la versión de la historia del enemigo».

La historiadora Inés Montano comparte el mismo diagnóstico: «Es un problema ya ontológico: cuando no te

El guerrero inca Cahuide atacando a un conquistador español. Escultura en Santiago de Pucyura (Perú).

quieres dar cuenta de lo que eres, cuando se falsifican más de tres siglos de historia, es muy difícil vertebrar una visión del mundo coherente».

Para muchos expertos uno de los problemas de Hispanoamérica está relacionado con una crisis de identidad que surgió con las independencias. Dicha crisis identitaria sigue vigente hoy hasta el punto de que, en la actualidad, los propios americanos, los descendientes de los españoles virreinales, ni siquiera tienen claro cómo deben denominarse. ¿Son latinos o hispanos? ¿Debemos hablar de Latinoamérica o de Hispanoamérica?

«Lo primero que tendríamos que aprender: no es América latina, es América hispana —dicta Zunzunegui—. No somos romanos, ni franceses, ni latinos. Somos hispanos. Esta es la América hispana».

La historiadora mexicana Guadalupe Jiménez Codinach destaca que el uso del término «Latinoamérica» resulta incorrecto sobre todo porque es anacrónico: «Ese concepto no existió desde el siglo XVI hasta mitad del siglo XIX. Surge en la época de Napoleón III, pero es un nombre que no puede usarse para los siglos anteriores. Aparece en Francia con más fuerza porque Napoleón III dice: "Debemos

Las Españas americanas
Francisco Núñez del Arco

Durante tres siglos, cuatro en algunas partes, la prolífica naturaleza política, jurídica, social, cultural, religiosa y humana de España se reprodujo en América. Las Indias castellanas formaron parte integral de la Monarquía y se ajustaron a ella en todo sentido y sustancia. El presidente del reino de Quito, Joaquín de Molina, en su informe a la Regencia de septiembre de 1811, se refería a sucesos acaecidos en Quito como «movimientos de la España de ultramar». Más adelante habla de «la igualdad de derechos de ambas Españas (la de Europa y la de América)».

La España americana existió y así lo entendieron sus habitantes que se llamaban a sí mismos españoles de América. Así lo entendió también el gobierno de la Monarquía y los españoles europeos, que, junto a los americanos, lo plasmaron en el artículo primero de la Constitución de Cádiz, el cual no constituía ninguna novedad, sino que reflejaba una tesis tricentenaria: la nación española es la unión de todos los españoles de ambos hemisferios. Quito, como reino español de América, fue parte de lo que la tradición denominaba como las Españas y las Indias, en plural. El artículo 10 de la Constitución de Cádiz también reconoce esta pluralidad territorial con el uso del término «Españas». En plural.

Esto se debe en gran parte a los españoles que fueron a América entre los siglos XV al XIX. No solo existe continuidad

cultural, también continuidad genética en fusión con lo americano. Nada es completamente europeo ni nada es completamente americano a partir de 1492. Nuestro ser histórico se produce con la transfundición de las sangres españolas al Nuevo Mundo, que atravesaron el charco, se establecieron aquí y crearon al mismo tiempo familias y parroquias, municipios y ciudades, provincias y reinos al estilo español. Nadie conoce de verdad a España si no ha estado en América porque la mitad, por lo menos, de la obra de España fue hecha en nuestro continente. Ni ningún hispanoamericano se conoce del todo si no comprende a la España peninsular porque en ella está nuestra raíz.

España fundó reinos hermanos y provincias libres en América, en igualdad jurídica y sociopolítica, no colonias vasallas ni factorías esclavas.

Dos siglos después de la implosión y el desmantelamiento de los restos de la Monarquía Universal Católica, muchas conciencias sienten el estancamiento de la historia de nuestros pueblos desde entonces. Todos los supuestos objetivos de la independencia de las naciones americanas debían haberse realizado hace mucho, pero, tras las guerras fratricidas impuestas por los criollos traidores al servicio de Gran Bretaña, seguimos igual que hace doscientos años, aislados, quebrados, enemistados con nuestros hermanos, con fronteras e identidades artificiales, endeudados, sometidos a nuestros enemigos. Empantanados como antaño.

Guitarrista de hojalata en Nuevo México (Estados Unidos), julio de 2023.

tener presencia en América"». E incide con una experiencia personal al respecto: «Tenía yo que dar clase en Estados Unidos, en Virginia, con un curso que se llamaba Colonial Latinamericana. En mi primera clase dije que no éramos colonia y que mucho menos iba a aplicar el término "Latinoamérica" al siglo XVI porque sería como si hoy yo digo que Pancho Villa durante la Revolución mexicana mandaba sus partes por internet. Ustedes me dirán: "Eso es imposible, no, no había internet". En efecto, igual que tampoco había América Latina en los siglos XVII y XVIII». Para la historiadora mexicana, la imposición de la palabra «Latinoamérica» nace de una intención nada inocente, que «sirve para restar fuerza a la idea de Hispanoamérica».

El historiador Alejandro Rodríguez de la Peña también prefiere utilizar Hispanoamérica, ya que «la hispanidad es una de las grandes civilizaciones de la historia. Y por eso me gusta la palabra Hispanoamérica, porque tiene el eco de un modelo de civilización que hoy día está desaparecido, pero que se puede recuperar. La hispanidad es una combinación de la cristiandad y lo hispánico de una manera universalista. Va mucho más allá de lo peninsular. Es lo español proyectado al universal, al oceánico. Esta hispanidad es legítima heredera de la cristiandad medieval: una cultura de la compasión más allá de la violencia omnipresente en toda la sociedad humana. Una cultura de las universidades y las catedrales que se trasplanta América. Esa cultura que canta Dante. La América hispana es su mejor heredera».

Conflicto con el pasado

La imposición del término «Latinoamérica» busca separar al hispano de su pasado, hacer que lo olvide, que lo borre de su memoria; pero este proceso lo único que provoca es toda clase de incoherencias y contradicciones, al menos así lo cree Juan Miguel Zunzunegui: «Contarnos en español que no tenemos nada que ver con España ni los españoles, o contarnos en español una historia donde España es causante de nuestras desgracias, o contarnos en español esa historia al mismo tiempo que vives en un país rebosante de hispanidad...».

Para Zunzunegui este contrasentido arrancó en los procesos de independencia. En estas guerras el bando rebelde pretendía demonizar al enemigo, los realistas, y quiso diferenciarse de ellos mediante un discurso nacionalista. Sin embargo, el problema estaba servido: «El "otro" representa todo lo que yo no soy, pero [en las guerras de independencia americana resulta que] el otro habla español igual que yo, es católico igual que yo, tiene la misma religiosidad que yo... En definitiva: el otro es igualito a mí. Y eso le pasa a toda la América hispana: un proceso de rechazar a un otro que no es otro en absoluto. A raíz de ello, en toda la América española tuvimos que crear nuevos discursos de identidad que nos permitieran, en español, colocar a un español como "otro". Se optó por una narrativa basada en rescatar el pasado anterior a la llegada de los castellanos.

Primer matrimonio católico entre indígenas en México, el 14 de octubre de 1526. Basílica de Guadalupe, Ciudad de México (México).

De acuerdo: es fundamental rescatar ese pasado, el problema es que, para rescatar ese pasado del que a menudo no sabemos nada, nos creemos en la necesidad de negar por completo lo que somos. En resumen: decir en español que no tienes nada que ver con España es una contradicción inherente».

El artista colombiano Carlos Vives coincide en el análisis: «Hemos pasado el tiempo despreciando lo que somos y no hemos rescatado las historias hermosas de la conquista. Yo soy de una ciudad que se llama Santa Marta. La primera ciudad fundada sobre las costas de Suramérica por un notario de Triana que se llamó Rodrigo de Bastidas. Fundó la ciudad a través de un pacto con los nativos originales. Quinientos años después nosotros queremos que el sueño de Bastidas sea posible, que podamos vivir unidos en la diversidad».

Para Zunzunegui es imprescindible que los americanos forjen su personalidad a través de la aceptación sin traumas de su pasado: «Los mexicanos tenemos dos raíces. Nuestras dos raíces son gloriosas, pero despreciamos una, la española, y la despreciamos porque, según nosotros, apreciamos muchísimo la raíz indígena a pesar de que tampoco la estudiamos; así que, en el fondo, repudiamos las dos. Estamos tan encabronados con Marina como con Cortés. El odio contra Cortés no es odio de España, es odio a nosotros mismos».

Concierto de Carlos Vives en Madrid por la semana de la Hispanidad 2023.

El historiador mexicano Enrique Krauze considera que es necesario que Hispanoamérica encare «la historia con menos sentido de culpabilidad y con una mayor vocación de conocimiento, para que nos conozcamos mejor. Porque somos una familia». Eso supone asumir los aspectos menos positivos de ese pasado, tal y como apostilla el peruano Onassis Castillo: «Como en toda familia, hay antepasados más elogiables que otros. Pero lo que no podemos negar es que venimos de ellos».

En palabras del historiador Antonio Cordero: «Tenemos que hacer una revisión de nosotros mismos. Y tenemos que lograr una sentencia positiva y reconciliadora». Desatender esta necesidad podría tener consecuencias muy negativas: «Nosotros no hemos podido todavía aceptar es ese mestizaje —dice la mexicana Angélica Montes-Cruz—. No nos queremos ver como indígenas, pero tampoco nos queremos ver como españoles. Entonces ¿qué somos? La nada».

«No era algo bueno ser indígena...»

El desconocimiento de nuestra propia identidad hace que sean otros quienes nos la transmitan, y a veces sus intenciones no son buenas. La estadounidense Diana Moreno, de ascendencia mestiza texana y que trabaja para que otros compatriotas de ascendencia hispana y

La música para Hispanoamérica
Jorge Magaz

No parece posible comenzar la música de una película sin la película, pero en el caso de López-Linares todo es diferente. Lo llaman documental, aunque en su cine esto es solo el punto de partida para desplegar una poesía, al igual que Arvo Pärt, sumergiéndose en la polifonía renacentista para dar vida a su música más contemporánea. Se tejen las voces como si fuera un personaje más de la trama. Toda la música de la película fue compuesta y arreglada durante el mismo proceso de montaje, donde cualquier a priori rítmico y tonal podía sugerir la arquitectura de una secuencia y viceversa. Cuántas de sus historias y pensamientos se cuentan solo a través de la música, no hace falta saberlo: ventaja de la música, cuyo encanto es justo lo que falta en cualquier enumeración, lo contaba Jankelevitch al relacionar la música y lo inefable. Ir aún más allá de las palabras, pero en una correspondencia tan estrecha con ellas, que su confidencia las altavocea a un nivel más hondo; «donde las palabras se detienen, el hombre no puede más que cantar», decía Heine. La música no es un techo del lenguaje, tan solo comparece como un árbol invertido, de esos que pintaba Dante, con su copa hacia nosotros y sus raíces en el cielo.

Semejante a estas sinergias mutuas, la banda sonora se conduce hacia el núcleo del significado, pues su algoritmo simbólico no es otro que la armonía: metáfora del encuentro entre ambas orillas. Ese puente entre dos continentes distintos, pero también entre dos tiempos distintos. Muchas de sus piezas cantadas (como el Ave María procedente de las partituras rescatadas) convergen acordalmente en una expresión armónica que pone aquel tiempo en este lugar y este lugar en ese tiempo. Se trata de una continuidad sin reparos.

La anchura musical es uno de los espacios comunes de la hispanidad. Allí donde nunca hubo de preguntarse "¿Qué hace un lugar como tú en unos tipos tan lejanos como estos?". La música para Hispanoamérica siempre estuvo ahí, solo había que sacarla de la selva, recomponerla armónicamente ante nuestros sentidos como medio de disolver las diferencias que algunos se empeñaron en crear. Armonía significa unión de contrarios, *concordia discors*, un procedimiento que sostiene metafórica y literalmente la correspondencia narrativa que nos une vivamente. Pavimento invisible. Ese embaldosado que para Kepler funcionaba como una representación directa de la armonía en su raíz más esencial: "encajar" o encaje íntimo, como la definió Quintiliano. Armonía implica la posibilidad de concebir nuevos planos para verticalizar la profundidad del transcurso, ordenación del tiempo y agudeza en la alianza de lo distanciado.

Finalmente, la banda sonora contiene un secreto del que solo puede apuntarse aquí un indicio. *Quarendo invenietis*. Desde tiempos lejanos, música y medicina fueron inseparables. La idea que preside la curación en relación con la música, nos cuenta R. Andrés, se halla en intimidad «con el concepto de armonía y de la unidad corporal-anímica». Hoy sabemos (O. Sacks), que la musicofilia es sanadora. Para enfermos mentales o con pérdida de memoria, envía un anhelo de equilibrio amplificando impulsos de integración; a través del ritmo o la repetición de patrones "puede lograr la recuperación en el paciente de una identidad que se hallaba extraviada" (algo que reclama tanta atención para nuestras amnesias actuales). Las armonías de la hispanidad son en definitiva motivos: quizá antes teníamos algo que decir porque creíamos estar inspirados, ahora, estamos inspirados porque tenemos algo que decir.

nativa no se avergüencen de sus raíces, tiene muy clara esta idea y así lo expresa: «No era algo bueno ser indígena. Mi mamá siempre nos enseñó: tienen que estar orgullosos de quienes son. ¿Pero cómo vamos a ser orgullosos de quienes somos si no sabemos quiénes somos?».

La hermana de Diana, Margot, añade: «Yo nací indígena y española. Le damos muchas gracias a Dios por nuestros antepasados que hayan sido indígenas. Pero también los que fueron españoles, porque de toda esa historia junta se ha hecho una historia. Sí, una historia que vino con problemas, sufrimiento... Pero todos juntos hemos sobrevivido. Y hemos empezado una época más bonita que la que encontramos hace trescientos años para atrás».

El historiador mestizo Isaac Alatrista comparte las mismas impresiones: «Yo me siento orgulloso de ser mestizo. Yo soy descendiente de España y también descendiente de Tahuantinsuyo». Para Mamela Fiallo, el motivo de este orgullo es que el mundo mestizo hispanoamericano es «la respuesta de cómo se pudo pasar de la barbarie a la civilización sin borrar el legado de nadie, sino más bien enriqueciéndose con ellos».

El historiador Alfonso Borrego, descendiente del jefe apache Gerónimo, es un buen ejemplo de lo que supone aceptar el mestizaje con orgullo. A menudo ha tenido que enfrentarse a personas o circunstancias que pretendían que olvidara sus orígenes: «No hables español. Me lo decían en la escuela. Cuando yo era pequeño, cuando fui a la escuela, no te permitían aquí, en Estados Unidos, hablar español. Si hablabas español, te daban un varazo o te zumbaban con una tabla, porque cuando se referían a los españoles eran los peores: ellos vinieron, se llevaron todo, saquearon todo, mataron a todos los indios y se fueron. Esa era la historia».

La leyenda negra ha sido un arma empleada a conciencia para denostar el legado mestizo de la hispanidad. Carlos Leáñez sospecha que existe una motivación política subyacente para mantener viva la leyenda negra virreinal en contra de la evidencia histórica: «[Inglaterra, Francia y Estados Unidos] no se olvidan de que cuando los hispanos estábamos unidos, en los siglos XVII y XVIII, éramos la primera potencia mundial; y existe [una intención clara] de que la leyenda negra siga viva entre nosotros para que nosotros no nos consideremos suficientemente dignos de estar en el mundo. [...] La clave de un poder mundial tiene que ver con la convergencia de tres factores: un espacio político, económico y una comunidad lingüístico-cultural, sobre todo lingüística. ¿Qué país hace converger claramente estos tres factores? Estados Unidos».

«Estados Unidos es un país-continente de centenares de millones de personas que intercambian libremente todo tipo de bienes y servicios, materiales y espirituales, y generan una demanda portentosa y una gran riqueza. Eso es posible entre nosotros, pero se trabaja para que eso no ocurra haciendo que las oligarquías locales sigan en alianza con poderes globales muy interesados en que permanezcamos divididos. [...] Nosotros somos una comunidad real. Y ese bloque gigantesco tiene que conseguir vías cohesivas, vías que nos alejen de los micro nacionalismos lingüísticos o de los indigenismos, que pretenden no solo mantenernos como estamos, sino, si es posible, disgregarnos aún más».

La mejor cultura del mundo

El universo hispanoamericano tiene muchos elementos positivos que corren el riesgo de olvidarse si se persevera en la división. «Nuestra cultura es muy vital —afirma la historiadora Adelaida Sagarra—. Tenemos que creer nosotros mismos en la potencialidad que tenemos. Y cuando digo "nuestra cultura" no me estoy refiriendo a los españoles, sino a los hispanoamericanos, a los hispanos todos». Sagarra se refiere a un hispanismo que, según Antonio Cordero, es «la mejor cultura del mundo». Una cultura que, en palabras de Juan Miguel Zunzunegui, está unida por «la misma historia, por la misma religión, por la misma cosmovisión».

Carlos Leáñez ilustra esa unidad cultural de lo hispano a través de una vivencia personal: «Yo viví tres años en Alemania y, cuando iba al comedor universitario, salía con mi bandeja con la comida y veía un mar de mesas pequeñas donde estaban alemanes de todo tipo. Y veía también una mesa muy grande en el comedor, mesas pegadas, muy grandes donde había una cantidad de gente, tocándose mucho, en medio de grandes risotadas, llena de venezolanos, ecuatorianos, argentinos, españoles, mexicanos, etcétera. ¿Qué metaforiza esta imagen? Somos suficientemente diferentes de los otros y suficientemente parecidos entre nosotros».

La maravillosa unidad en lo diverso es también reseñada por Adelaida Sagarra: «Hasta el momento en que los españoles llegan a América, cada continente tenía su raza, hasta que en el Nuevo Mundo todos se mezclaron con todos. Eso implica una percepción de que todos somos personas, de que, por encima de determinadas diferencias, puede existir una naturaleza común, una riqueza y una pluralidad culturales muy grandes».

Todos estos testimonios refuerzan la idea de que uno de los rasgos que distingue a la cultura hispanoamericana es su inmenso potencial, a menudo desperdiciado. «Aquí tenemos un solo idioma —expresa Juan Miguel Zunzunegui—, una sola cosmovisión, una sola forma de entender el mundo, la vida, la existencia. No entiendo por qué no lo aprovechamos».

Esa lengua común, el español, es uno de los factores más importantes que hace de Hispanoamérica una potencia sin apenas parangón en otros ámbitos culturales. Durante el encuentro «Hispanoamérica. Un futuro compartido», llevado a cabo en Madrid en 2024, Carlos Leáñez se expresó de esta forma sobre el peso del español en el mundo actual: «En 1824 tiene lugar la batalla de Ayacucho, en la que se sella la secesión de la mayoría del imperio; se fragmenta y se genera una sensación de impotencia, de dependencia. Las repúblicas americanas somos los restos del naufragio de un galeón y vivimos aferrados a un pedazo de galeón, creyendo que allí está nuestro destino político. En 1824 solo el treinta por ciento de los hispanoamericanos, como máximo, eran hispanohablantes. Vamos a 2024. La fragmentación política y la dependencia continúan, pero hay algo que ocurre, un cabo suelto que quedó: ese treinta por ciento. El noventa y cuatro por ciento de los hispanoamericanos habla español y prácticamente todos como lengua materna. Es un hecho que el español es una de las tres megalenguas del mundo, junto con el chino mandarín y el inglés. Tenemos un espacio simbólico que no estamos aprovechando a fondo. Esto implica que el 7,2 por ciento de la población mundial es hispanohablante. Esto implica que el español es la segunda lengua materna del mundo. Esto implica que en español se produce el tercer PIB del mundo. Esto implica que, en la inteligencia artificial, que es algo que está cambiando el mundo, los tres lenguajes más perfectos que hay son el inglés, el español y otra lengua que no es el chino mandarín por una serie de complicaciones. Estamos en la cresta de la ola».

Juan Miguel Zunzunegui aportó la siguiente consideración en dicho congreso: «Que hables en español no solo significa que hablas español; significa que piensas en español, que entiendes el mundo en español, que tu cosmovisión está en español, que amas en español y que, si crees en Dios, crees en Dios en español. Lo más hermoso de tu vida ocurre en español».

Carlos Leáñez mira al futuro de la comunidad hispanoamericana con esperanza. El mundo hispano está capacitado para alcanzar y producir grandes logros, tal y como hizo en el pasado, pero para ello es necesario recuperar la unidad que en tiempos quedó rota: «Somos quinientos millones de personas que, estando como estamos dispersos, producimos el nueve por ciento de la riqueza del mundo. Si lográsemos cohesión entre nosotros, los estados hispanohablantes actuales seríamos el segundo estado del mundo en lo que se refiere a territorios, solo por detrás de Rusia. Yo siempre digo que los hispanoamericanos somos una especie de clase media, somos los pobres del mundo... Ahora, esto eso es así porque actualmente nuestras economías no se encuentran en sinergia; si lo estuvieran, rápidamente habría una duplicación de su PIB, no me cabe la menor duda. [...] Nuestra separación como comunidad es uno de los costos de oportunidad más asombrosos que podemos ver. El coste de vivir separados es enorme».

La historiadora del arte mexicana Angélica Montes-Cruz ha llegado a una conclusión: «Como hispanoamericanos nos hace falta darnos cuenta de toda la riqueza que tenemos. Y a partir de ahí, vamos a empezar a contarnos otra historia».

Biblioteca Palafoxiana, fundada por el obispo español Juan de Palafox y Mendoza en 1646, Ciudad de Puebla (México).

Hispanoamérica, un futuro compartido
Manuel Lucena Giraldo

No existe otro horizonte que la globalización humana a escala planetaria. Por eso es tan importante poner en valor lo que representamos los hispanoamericanos en ella. Nada menos que la segunda comunidad capaz de intercambiar ideas en un idioma común: el español. Contra lo que puede parecer a algunos, tenemos todo por hacer. Un futuro político y cultural, una felicidad basada en la autoestima individual y colectiva, están por construir. Desde luego, a la hora de elaborar un diagnóstico, el triunfalismo sobre el español y su proyección futura, característico de las últimas cuatro décadas, debería figurar en cualquier manual que quiera definir la categoría «optimismo antropológico».

En primer lugar, nos hemos equivocado en las previsiones demográficas, que con un simple vistazo mostraban que tendríamos una pirámide de población envejecida en la comunidad global de hablantes del español. En segundo término, existió otro error de cálculo en la valoración del posible crecimiento en potencias consolidadas o emergentes. Cuando llegaba el momento de hacer informes anuales y memorias institucionales, las previsiones astronómicas en la multiplicación de hablantes de español en Estados Unidos o Brasil, por ejemplo, adquirían el carácter de una profecía autocumplida.

Las imprescindibles estrategias de fomento de la calidad y el prestigio en ciencia y tecnología se han dejado de lado y siguen necesitando ser repensadas con ambición y en contexto. Como señaló hace tiempo Emilio Lamo de Espinosa, con

una insólita y brillante prudencia derivada de su profundo conocimiento de Estados Unidos, las primeras generaciones de emigrantes hispanos hablaban español, las segundas lo perdían y las terceras, en función de su valor económico, cultural y simbólico, quizá lo recuperarán —o no—. ¿Qué variante del español utilizarán? No la del español europeo peninsular que nunca conocieron, pues nuestro idioma siempre fue americano, insular, mestizo, intercultural, peregrino.

Un tercer argumento tiene que ver con las posibles variedades globales, dominantes o mayoritarias, del español del futuro. La estadística impone que el acento español con mayor número de usuarios sea el de México. Aunque carecemos de estudios suficientes, a la hora de conjeturar su potencialidad para modular una versión del español global con alto impacto en las industrias audiovisuales y computacionales no sabemos qué va a ocurrir. Debemos trabajar para que la homogeneidad del español, que posibilita el milagro de que podamos comunicarnos en el segundo idioma global y en los cinco continentes, se mantenga. Para que así ocurra, es vital que la Real Academia de la Lengua y la Asociación de Academias Hispanoamericanas de la Lengua Española, la ASALE, puedan persuadir y ordenar los usos del idioma. Tal vez sea una manera poco elegante de expresarlo, mas nuestra querida lengua española, cimiento, estructura y horizonte de los modos de ser hispanos en el mundo, necesita quién la defienda de su propia imagen de éxito, que la deja expuesta ante las fricciones de la globalización. La autocomplacencia y la frivolidad son nuestros peores enemigos, presentes y futuros.

PÁGINA ANTERIOR
Río Ibare, cerca de Trinidad, Bolivia.

PÁGINA 215
Jessica Valeria Tibusa Gaulúo flautista y cantante. Ensamble Moxos, San Ignacio de Moxos (Bolivia).

Tiempo de esperanza

Suena la música mientras se suceden los créditos. Los que muestran la relación de piezas musicales son los últimos. Ha terminado la película, pero nadie se mueve de su asiento. Se encienden las luces y, sin previo acuerdo, la gente empieza a aplaudir. El sonido ensordecedor de las palmas entusiastas es el comienzo, ahora sí, de ese canto de vida y esperanza que es la hispanidad actual. López-Linares y su equipo nos han dado el tono y hemos sido capaces de tomarlo: nos hemos reconocido, queremos conocernos mejor. Diré, haciendo honor a Rubén Darío, que en cualquiera de las salas donde se ha proyectado el documental estábamos «*un continente y otro renovando las viejas prosapias, en espíritu unidos, / en espíritu y ansias y lengua / ven llegar el momento en que habrán de cantar nuevos himnos*». Ahora es el tiempo de ese cantar nuevo, joven, vital y esperanzado. El Ave María cantado por Jessica es el colofón de la película: Amén, Jesús, María y José, las últimas palabras. Después, el vuelo de la mariposa muestra cómo lo imprevisto y maravilloso sorprende cuando ya no esperábamos más. Prodigioso presagio de la transformación social que puede generar este movimiento ciudadano surgido espontáneamente, con sed de verdad histórica, alrededor de dos películas documentales de López-Li Films.

Dialogar sobre Hispanoamérica nos enraíza, incluso desde el patrimonio emocional, en nuestra identidad. Los hispanoamericanos procedemos de una historia que no hemos elegido, de la que podemos aprender mucho si la conocemos bien y si evitamos caer en la ideologización o en la simplicidad. En todos los casos, allá o acá, surge de la mezcla, la multiculturalidad, las invasiones recurrentes y sucesivas de otros grupos culturales, y de la migración. Somos transeuropeos y transamericanos, somos más de 550 millones de personas capaces de entendernos, un mundo cultural vivo que podría darle un vuelco al globo de las relaciones humanas, personales y sociales, culturales y políticas. En una sociedad en letargo, cargada de desconciertos, en un cambio de era y con un déficit de humanidad en tantas situaciones, somos hispanoamericanos y tenemos mucho que decir, otro tanto que vivir y una gran riqueza que aportar. Desde el final del siglo XV, la expansión ultramarina amplió las regiones, los pueblos y las culturas que formaban parte de la Monarquía de España. Los españoles derrumbaron los mundos culturales americanos con pactos, sangre, mezcla y fuego. Con palabras y leyes plantaron la cultura castellana que se americanizó y viceversa. Hasta entonces las razas no se habían mezclado. Desde el minuto cero surgió el mestizaje. América se convirtió dolorosamente en el continente de los siete colores y sus pobladores a lo largo del tiempo en los pueblos españoles de América, en una raza telúrica, universal. Germán Arciniegas, José Martí o José Vasconcelos, creadores de estas perspectivas, no son sospechosos de conservadurismo, sino claros agentes del proyectismo.

Entender los procesos es el objetivo de la Historia. Se trata de conocer el pasado —en el que no podemos anclarnos y del que tampoco podemos independizarnos— para entender el presente, como clave del enriquecimiento que nos capacita para imaginar, proyectar e innovar. Las partituras del tiempo misional son el presente en la escuela musical de Moxos y en los eventos festivos de los mojeños. Quien no conoce la historia puede acabar resignándose a que el pasado siga siendo el futuro, y no dispone de una herramienta esencial para ejercer la transgresión desde el humanismo cívico sobre lo políticamente correcto o la dictadura del relativismo. Después de cinco siglos, tenemos una historia, una lengua, un sentido de la familia y del ocio, una religión, el catolicismo —practicada o no, pero que está en el origen de nuestros valores— que pertenecen a nuestra instalación vital —como decía Julián Marías—, a nuestro modo diferente de vivir. Los hispanoamericanos podemos estar unidos, pero ese hecho no nos uniforma. «*Únanse, brillen, secúndense, tantos vigores dispersos; / formen todos un haz de energía ecuménica. / Sangre de Hispania fecunda, sólidas, ínclitas razas/ muestren los dones pretéritos que fueron antaño su triunfo*», sigue declamando Rubén. Con su lenguaje ampuloso, con su verbo modernista, propio de su tiempo y un tanto extraño hoy, nos dice algo sencillo en realidad. Unidos por lo común —esos dones— somos un activo de futuro. La verdad une.

Porque la realidad hispanoamericana no es un canto cualquiera, no. Es un canto de vida y esperanza. De vida, porque somos un mundo cultural con muchos millones de jóvenes. Esta película documental es para ellos, al decir de López-Linares. Podrán saber, si quieren, de donde venimos y decidirán hacia dónde quieren ir en su vitalidad. ¡Ojalá que sabiendo ensamblar procedencia y destino, herencia y creatividad! «Y así sea Esperanza la visión permanente en nosotros». Carlos Vives espera conseguir el sueño del trianero Rodrigo de Bastidas. Isabel y Marina esperaron aquello que no pudieron imaginar, la hispanidad de hoy. La esperanza de Guadalupe es infinita, está por encima del tiempo y del espacio. Es el eterno desvelo de una madre sigilosa: «*Si ya te vas, /nuestra amada Señora, /no, Madre nuestra, /tú de nosotros no te olvides*», escribió Juana Inés de la Cruz.

A los hispanoamericanos nos queda mucho por esperar y vivir, por hacer y soñar. Ese sueño no es iluso, ingenuo o teórico. Procede y vive de la fuerza de un nosotros arrollador, risueño y divertido, lleno de vida y esperanza. Ser barroco consiste en poder ser feliz en cualquier parte. Quedan cosas por decir, pero asumo la estrategia de Cantuña en San Francisco de Quito. Una piedra sin poner —este párrafo en blanco— basta para que cada uno empiece a construir y a escribir su historia en modo hispano... ¡Sin diablitos que valgan!

Adelaida Sagarra

Créditos de las imágenes

Archivo López-Li Films: pp. 10-11, 18-19, 35, 44-45, 61, 74-75, 84-85, 110-111, 140-141, 145, 146, 148,149, 150-151, 152, 160, 164, 172-173, 180-181, 188-189, 190-191, 194, 194, 196, 197, 198, 201, 207, 208, 209,210-211, 212. Catedral de Lima (Perú): pp. 24-25. Museo Nacional de Historia, Ciudad de México: pp. 28-29, 30-31. Instituto Historia y cultura militar: pp. 33. Lienzo de Tlaxcala, copia a color de 1773 de la versión original de 1584 realizada a petición del cabildo de Tlaxcala: pp. 37, 38, 106-107. Murales del Palacio de Gobierno de Tlaxcala, por Desiderio Hernández Xochitiotzin: pp. 42-43. Hospital de Jesús, Ciudad de México - Salón del Patronato: pp. 46 (arriba), 76, 77. Iglesia de San Francisco, Quito (Ecuador): pp. 46 (abajo), 71, 152. Camino al Cielo y Camino al infierno, de Luis de Riaño. S. XVII, Iglesia de Andahuaylillas, Cuzco (Perú): pp. 50-51, 52-53, 153, 159, 163. Museo Pedro de Osma, Lima (Perú): pp. 54-55, 156. Archivo de Indias, Sevilla (España): pp. 66-57, 72-73 (Plano de Antequera Oaxaca- México). Biblioteca del Congreso de los Estados Unidos: pp. 60, 134-135. Museo de América, Madrid (España): pp. 62, 78-79, 109, 113, 123, 128, 166, 167, 168-169, 177. Museo Franz Mayer, Ciudad de México: pp. 64. Museo Nacional del Virreinato, Tepotzotlán (México): pp. 72-73. Iglesia de la Compañía de Jesús, Quito (Ecuador): pp. 78-79, 156 (arriba). Edición facsímil de las Leyes de Indias (BOE, 1988): pp. 76. Salón de cabildos, Antiguo Palacio Ayuntamiento México: pp. 81.Instituto Nacional de Antropología e Historia, México: pp. 83. Capilla Real de Granada: pp. 89, 92, 93. Catedral de Burgos: pp. 90-91. Archivo General de Simancas: pp. 96. Real Monasterio de Santa María de de Guadalupe, Cáceres (España): pp. 97. Museo de la Basílica de Guadalupe, Ciudad de México (México): pp. 98. Museo Nacional de Arte (México): pp. 100, 129, 136-137. Colección Fotográfica Warburg Institute, Londres (Reino Unido): pp. 102, 103. Staatliche Museen, Berlín (Alemania): pp. 103 (izda). Rijksmuseum, Amsterdam (Holanda): pp. 103 (dcha). Fiesta del Corpus Christi, Cuzco, junio 2023: pp. 114. Serie Corpus Christi, Anónimo, Palacio Arzobispal Cuzco. S. XVII: pp. 115. Augusto Ferrer-Dalamau: pp. 116-117. Museo Regional Michoacano, Morelia (México): pp. 118-119. Miguel de Bertodano: pp. 120-121. Templo de San Francisco de Tlaxcala (México): pp. 126. Biblioteca Hispánica, Madrid: pp. 128. Iglesia de la Misión de San Francisco de Asís. S. XVIII. Taos, Nuevo México (Estados Unidos): pp. 132 (arriba). Iglesia de San Lorenzo de Picuris. 1776 Nuevo México (Estados Unidos): pp. 132 (abajo). Iglesia de San José de Gracia (1760-1776) Nuevo México (Estados Unidos): pp. 133 (arriba). Iglesia de San Agustín de la Isleta Nuevo México (Estados Unidos): pp. 133 (abajo). Autry Museum of the American West (Estados Unidos): pp. 138-139. Santa Fe de la Laguna (México): pp. 156 (abajo), 212. Escuela de Música San Ignacio de Moxos (Bolivia): pp. 158, 165, 167, 181, 202, 218. Concierto de Juan Valderrama en Madrid por la semana de la Hispanidad 2023: pp. 164. Museo Nacional del Prado: pp. 176. Iglesia de San Pedro, Lima (Perú), *Alegoría del triunfo de los jesuitas en las cuatro partes del mundo.* Anónimo, siglo XVIII: pp. 178-179. Mural de Simón Bolívar en Caracas (Venezuela): pp. 183-184. Fundación Goya en Aragón: pp. 185. Museo Nacional de Bellas Artes (Argentina): pp. 187. Basílica de Guadalupe, Ciudad de México: pp. 200. Concierto de iliber ensemble a partir de las partituras del Códice Trujillo, Palacio de la Merced (Córdoba) noviembre 2023: pp. 203.

Con la participación de

Adelaida Sagarra Profesora Titular de Historia de América de la Universidad de Burgos (España)
Alfonso Borrego Presidente de Patrimonio Real de Tierra Adentro (Estados Unidos)
Ana Zabía de la Mata Directora de proyectos de Patrimonio Cultural de la Universidad Internacional de La Rioja (España)
Andrea Martínez Baracs Historiadora (México)
Angélica Montes Historiadora del arte (México)
Aníbal Romero Politólogo (Venezuela)
Antonio Cordero Escritor y empresario (México)
Aurelio Valarezo Historiador (Ecuador)
Cacho Guzmán Concertino Ensamble Moxos (Bolivia)
Cardenal Carlos Aguiar Retes Arzobispo Primado de México (México)
Carlos Cremades Carceller Director de la Real Academia del Mar (España)
Carlos Leáñez Aristimuño Investigador de la interrelación hispanidad-globalización (Venezuela)
Carlos Vives Cantante (Colombia)
Carmen Beatriz López Portillo Rectora de la Universidad del Claustro de Sor Juana Inés de la Cruz (México)
Carmen Iglesias Directora de la Real Academia de la Historia (España)
Claudio Teco Velasco Violinista, Ensamble Moxos (Bolivia)
Consuelo Martínez-Sicluna Directora del Instituto de Estudios Americanos USP CEU (España)
Dalmacio Negro Catedrático de Ciencia Política e Historia de las Ideas (España)
Diana Moreno-Reyes Presidenta San Antonio Mission Indian Descendants (Estados Unidos)
Eduardo Barriga Director del Archivo Histórico de Pátzcuaro (México)
Elisa Queijeiro Escritora y Humanista (México)
Enrique Krauze Historiador (México)

Faustino Núñez Núñez Musicólogo (España)
Francisco Núñez de Arco Historiador (Ecuador)
Gonzalo Gómez García Director del Archivo Fundación Antezana (España)
Guadalupe Jiménez Codinach Doctora en Historia (México)
Héctor de Mauleón Cronista de Ciudad de México (México)
Héctor Palhares Meza Director del Museo Nacional de Arte (MUNAL) (México)
Inés Montano Historiadora (España)
Isaac Alatrista Historiador y cofrade del Apóstol Santiago (Perú)
Jessica Valeria Tibusa Gaulúo Flautista y cantante. Ensamble Moxos (Bolivia)
Jorge Luis García Historiador (Estados Unidos)
Jorge Luis Vázquez Historiador y guía de la Catedral de Puebla (México)
Jorge Moreno Profesor (Ecuador)
Jorge Sánchez de Castro Abogado y escritor (España)
José de la Puente Brunke Vicepresidente de la Academia Nacional de Historia (Perú)
Juan Carlos Jiménez Quintana Fundador de @artehistoriaymas (México)
Juan Francisco Limaica Saucedo Director del Museo y Archivo Misional de Moxos (Bolivia)
Juan Miguel Zunzunegui Doctor en Humanidades (México)
Juan Valderrama Cantante (España)
Julián Gascón Mercado Presidente del Patronato del Hospital de Jesús (México)
Lorenza Angélica Limaica Javivi Violinista y violista. Ensamble Moxos (Bolivia)
Mamela Fiallo Profesora de Lengua e Historia (Ecuador)
Manuel Alejandro Rodríguez de la Peña Catedrático de Historia Medieval USP CEU (España)
Manuel Lucena Giraldo Doctor en Historia de América, investigador del CSIC y profesor asociado del Instituto de Empresa-IE University (España)
Marcelo de la Puebla Músico (Chile)
Marcelo Gullo Escritor (Argentina)
Margot Moreno Tesorera San Antonio Mission Indian Descendants (Estados Unidos)
Mario A. Gaspar Artesano (México)
Martha Vera Cónsul Honoraria de España en El Paso (Estados Unidos)
Martín Ríos Saloma Investigador Instituto de Investigaciones Históricas (UNAM) (México)
Mary Zentella Dra. Antropología Social y Cultural (Estados Unidos)
Monseñor Eduardo Chávez Canónigo y Director Instituto Superior de Estudios Guadalupanos (México)
Nazario Sánchez Mastranzo Historiador del centro INHA Tlaxcala (México)
Onassis Castro Arias Trabajador Templo de Andahuaylillas (Perú)
Orlando Romero Historiador (Estados Unidos)

Padre Leopoldo Sánchez Pérez Abad de la Basílica Virgen de la Salud (Pátzcuaro) (México)
Padre Roberto Fernández Orden de Predicadores (Ecuador)
Patricia González Cantante (Ecuador)
Patricio Lons Periodista (Argentina)
Pedro Pablo Alayza Historiador del Arte (Perú)
Rafael Aita Autor de *Los incas hispanos* (Perú)
Ramón Mujica Historiador (Perú)
Raquel Maldonado Directora de la escuela de música y del Ensemble Moxos (Bolivia)
Ricardo Quezada Gobernador del Pueblo Apache de Ysleta Sur (Estados Unidos)
Robi Cuéllar Tumo, «Tata Chula» Músico tradicional (Bolivia)
Rodolfo Juárez Álvarez Historiador UATX / UNAM (México)
Rosa Guzmán Cantante (Perú)
Susana Cordero de Espinosa Directora de la Academia Ecuatoriana de la Lengua (Ecuador)
Terrell T. Kelley Presidente Presidio de San Sabá Restoration Corporation (Estados Unidos)
Thomas E. Chávez Historiador (Estados Unidos)
Tomás Pérez Vejo Investigador INAH (México)
Toño Puerta Presidente de la Escuela de Música/ Productor del Ensemble Moxos (Bolivia)
Úrsula Camba Historiadora (México)
Willy Terry Guitarrista (Perú)
Ximena Carcelén Historiadora del Arte (Ecuador)

Agradecimientos

S.M. el Rey Felipe VI

Alfredo Goyanes
Alonso López
Ana de Quinto
Andrés Tovar Pardo
Antonio Llop
Augusto Ferrer-Dalmau
Benito M. Rodríguez Freites
Borja Díez de Rivera
Carlos Abella
Carlos Cremades Carceller
Carlos Manuel García Carbayo
Carlos Khevenhüller - Metsch
César Gómez-Barthe
Cristina Marinero
Cristina Otero
Eduardo Puig de la Bellacasa
Gonzalo Rodríguez Carmona
Hilda Urrechaga
Isabel Rossel
Javier Bacariza
Javier Barbarín
Javier Díez De Rivera
Javier López-Linares
Javier Otero de Navascués
Javier Tafur
Jimena Villarroel
Jorge Calvo
José Manuel Cajigas García-Inés
Juan Cerrada
Juan López-Linares
Juan Manuel Giner
Juan Manuel Muñoz
Luis Prados
Mai Rivas
María Ángeles López-Linares
María San Gil
Maty Fenoy
Miguel Ferrández Barturen
Pilar de Arístegui
Pilar Rein del Cuvillo
Rosa Canasa
Santiago Menéndez-Pidal
Vicente Miró
Ximena Ortega Vettoretti
Yolanda Bergareche

Asociación Cultural Héroes de Cavite
Atlantic Bearing Services
Avante
Ayuntamiento de Salamanca
Caser
Comunidad de Madrid
Enel Viento
Fundación Adey
Fundación Ignacio Larramendi
Fundación Obras Pías de los Pizarro
Fundación Rafael del Pino
Fundación Universitaria San Pablo-CEU
Museo de la Hispanidad
Real Asociación de Hidalgos de España
Universidad Internacional de La Rioja

Este libro se terminó de imprimir el 13 de mayo de 2024,
coincidiendo con el 500 aniversario de la llegada
de los 12 apóstoles franciscanos
al puerto de Veracruz.